D1280154

12 Claves
para Construir un
NEGOCIO EXITOSO

" Mi sueño es tener
un Millón de Millonarios
y quiero que TÚ
seas uno de ellos"

Luis Eduardo Barón

www.12claves.com

Material de regalo disponible en www.12claves.com/regalo

A todos los emprendedores del mundo

Dedicado a:

A mi esposa, Martha Lucía, mi socia y compañera en este viaje por la vida, por el amor y la paciencia que me tiene. A mis hijos, Juan Sebastián, Daniela y Manuela por ser mi inspiración y mi propósito.

Agradecimientos

A mi madre por inculcarme desde niño el amor por el emprendimiento, a mis hermanos Jorge porque ha sido mi gran ejemplo y Amparo por su gran amor. A mi "hermano mayor" Álvaro Mendoza, mi mentor, por su conocimiento, su apoyo incondicional y su amistad. A mis mentores, Brian Tracy, Michael E. Gerber, Dan Kennedy, Brendon Burchard, Zig Ziglar y tantos otros que han forjado mi vida empresarial.

A las personas que me han apoyado en el lanzamiento de este proyecto, Giancarlo Rodríguez, Daniel Vallejos, Víctor Lachica, Ana Belén Moreno, Federico Giller, Mariela Vargas, Francisco García de Quevedo, Rick Benitez y a todo mi equipo en TV Net Media Group.

A mis amigos, Richard Osterude, Phil Alfaro, Lasse Rouhiainen, Richeli, Alex Beresowsky, Francisco Yáñez, Gus Sevilla, Alex Kei, Emilio Karam, Ernesto Verdugo, Sebastián Foliaco, Diego Alzate, Javier Hernández, Tito Figueroa, Patricio Peker, Pilar Ortiz, Javier Rivero, Javier Buckenmeyer y a todos los afiliados que me apoyaron en este lanzamiento.

Y un agradecimiento especial a los más de 600 alumnos en 32 países del Máster Para Emprendedores que son la semilla para lograr nuestro sueño de tener **Un Millón de Millonarios.**

¡Qué Dios los bendiga!

Índice

Introducción

Si tú te pones a pensar, la mejor forma de lograr cambiar tu vida es teniendo el control de la misma. No puedes dejar al azar el futuro de tu familia, la casa en la que quieres vivir, las vacaciones que quieres tomar, el auto que quieres conducir, el dinero que quieres tener en el bolsillo... TÚ ERES EL CAPITÁN DE TU DESTINO, tú eres el dueño de tu prosperidad.

En este libro te voy a revelar las 12 claves que aprendí y que me han convertido en un emprendedor exitoso.

Puedes estar leyendo estas líneas y estar pensando qué diablos haces acá. Pero si estás leyéndome es porque quieres tener una vida mejor y sabes como yo, que la mejor manera de hacerlo es si

> **Cuando las cosas se hacen mal y no se corrigen, el empresario puede convertirse en esclavo de su propio negocio.**

eres el dueño de tu propio negocio. No importa si es grande o pequeño, si es un negocio por Internet, si lo haces desde la cocina de tu casa, en el garaje, si eres un vendedor, si trabajas en multinivel. Tú sabes que la mejor manera de lograr alcanzar tus sueños es siendo un emprendedor... un dueño de negocios.

> **Decidí aplicar a mi pequeño negocio los conceptos que habían funcionado en una empresa grande. ¡Y tuve buenos resultados!**

Pero también sé que te da miedo, que te da pánico dejar tu empleo para convertirte en emprendedor. Has escuchado las estadísticas que dicen que el 80 por ciento de los negocios fracasan o quizás tienes un negocio y no te está yendo bien, tienes problemas, las ventas se han bajado, o peor aún, vendes pero no te alcanza el dinero para pagar las cuentas y sabes que algo estás haciendo mal pero no quieres reconocerlo...

No te preocupes, yo te entiendo porque también pasé por esas. Cometí los mismos errores y tuve el mismo miedo cuando me independicé. A propósito, es cierto que muchos se independizan para ser libres y terminan esclavizados en sus negocios, ¿cuál es el problema?

La respuesta es muy sencilla: el fracaso de los negocios no radica en que la gente no hace las cosas, no, el problema es que las hacen mal y más grave, ¡a pesar de que lo saben no hacen nada para corregirlo!...y por eso tanto negocio fracasa.

Con frecuencia, la gente dice "voy a empezar un restaurante porque cocino muy bien", o "un taller porque soy buenísimo como mecánico", y se dedican a aprender de cocina o de mecánica. Pero cometen un error así de pequeñito: no aprender cómo manejar un negocio. Así que el mecánico termina consumido en el taller, el cocinero con el pelo parado en la cocina del restaurante y con el paso del tiempo se quiebran, cierran y ¿quién tuvo la culpa?

A propósito, mi nombre es Luis Eduardo Barón. Quizás ya me conoces y conoces mi historia pero, por si acaso es la primera vez que sabes de mí, te cuento que yo también cometí errores y muchos... Yo soy arquitecto, trabajé muchos años en medios de comunicación y viajé a Estados Unidos, a la costa oeste de la Florida, por un año. Luego decidimos con mi esposa dejar todo en mi país, Colombia, y empezar de nuevo prácticamente de cero, sin conocer a nadie, sin hablar bien el idioma, sin tener historia de crédito (que eso aquí es terrible).

Comenzamos una revista en nuestro dormitorio, en el año 2000, con una publicación muy modesta enfocada a la comunidad hispana del área. La inversión, un computador de $1000 dólares (en esa época eran carísimos). Sufrí mucho porque no sabía de revistas, nunca había escrito nada -solamente las cartas de amor que le escribí a mi esposa de novios y que funcionaron, por eso me casé- pero sí había tenido la oportunidad de manejar una empresa.

Así que decidí aplicar esos conceptos de una empresa grande a mi negocio en el que tenía dos empleados: mi esposa y yo. Leí muchos libros, escuché audio libros, tuve mis mentores a los que seguía con dedicación.

No creas que fue fácil, recibí muchas lecciones buenas y malas, aprendí a aplicar en la realidad lo que había aprendido de mis maestros y decidí hacer lo que tenía que hacer: no tenía opción, era salir adelante o salir adelante... ¿y qué crees que pasó?

Muchas cosas han pasado en estos años, hoy tengo tres revistas mensuales, un periódico semanal, he vendido millones de dólares, hemos ganado varios premios, soy reconocido donde vivo y he tenido la oportunidad de estar con personas influyentes. Pero, por encima de eso, tengo la vida que quiero vivir, la libertad que siempre quise tener.

Me han invitado a dar conferencias en varias partes del mundo para contar mi historia y hace dos años decidí compartir mi experiencia para capacitar a otras personas y motivarlas a hacer lo mismo que yo hice. Hoy en día, más de 1000 alumnos han tomado mis cursos. Pero quiero decirte una cosa **yo no soy más inteligente que tú, no soy mejor que tú, yo solamente hice algo diferente** y eso es lo que voy a enseñarte en estas páginas.

Yo tengo una meta clara: **quiero tener UN MILLÓN DE MILLONARIOS en el mercado hispano y quiero que TÚ seas uno de ellos.**

Un amigo me dijo que un millón es una cifra muy grande. Pero yo ya he dejado la semilla en 1000 personas y quiero ayudarte para que tú también seas parte de este movimiento porque eso es lo que quiero que sea, un movimiento de personas que quieren alcanzar el éxito gracias a sus propios negocios, que quieren cambiar sus vidas, hacer realidad sus sueños.

Mi promesa contigo en este libro es revelarte 12 claves que cambiarán tu vida empresarial.

Bueno, dejemos el parloteo y ¡empecemos por el principio!

CLAVE # 1

Empieza con el final en tu cabeza

La primera clave que te voy a dar es empezar con el final en tu cabeza.

Pensarás "estás loco, Luis Eduardo, ¿cómo así que empecemos por el final?"

¡Sí! Si tú quieres empezar un negocio, incluso si ya tienes uno, piensa antes qué quieres hacer con él.

Te voy a hacer una pregunta:
¿Qué es lo más valioso de un negocio? ¿Su personal, su material, su prestigio? ¡NO! Lo más valioso es el negocio mismo.

Si vas a empezar un restaurante, piensa que cuando recibirás más dinero, será el día en que lo vendas. Es importante que tengas esto en mente a la hora de empezar:
- ¿Puedo vender mi negocio algún día?
- ¿Alguien estaría interesado en comprarlo?
- ¿Depende el negocio de ti y si lo vendes el negocio se acaba?
- ¿Qué quieres hacer con tu negocio, venderlo, dejarlo a tus hijos, cerrarlo el día que te jubiles?

Todo negocio -llámese un restaurante o un agente de seguros, un emprendedor en línea, un consultor, un dentista, etc., porque los profesionales también son negocios- tienen el mismo comportamiento y si tú empiezas un negocio con la claridad (escucha bien esta palabra, "**claridad**") primero de qué quieres que pase y segundo de la factibilidad

> Si descubres que tu negocio (por muy bueno que sea) no se puede vender o heredar, ¡no tienes un negocio, tienes un empleo!

de que eso pase, vas a tener ÉXITO.

Por ejemplo, yo puedo decir: "empiezo mi empresa de publicaciones, la crezco, aumento mi utilidad y luego, cuando el mercado esté listo, la vendo por un múltiplo de mis utilidades o, si lo deseo, se la heredo a mis hijos". Eso es lo que tienes que hacer tú y si descubres que tu negocio, por bueno que sea, no se puede vender o heredar, no tienes negocio, tienes un empleo.

Si ya tienes un negocio, mira cómo puedes organizarlo para que se pueda vender o heredar algún día. Más adelante te voy a dar una clave para que puedas lograr que tu negocio trabaje para ti, sin que tú tengas que trabajar en él o para él.

¿Sabías que esa es una de las mayores causas del fracaso de los negocios? No tenemos claridad de lo que queremos hacer, no entendemos que nuestro negocio es un instrumento de riqueza, es un activo que nos va a generar dinero, mucho dinero y al no tener clara la meta final es difícil trazar nuestros objetivos.

Esa puede ser la causa por la que tu negocio no te esté dando el resultado que esperas y de que estés atorado buscando soluciones. Aún peor, puede ser la causa de que te la pases buscando oportunidades de negocio aquí y allá y te conviertas en un oportunista (en lugar de convertirte en un emprendedor estratégico) o de que estés en las nubes sin tener idea de qué negocio empezar… Créeme, te entiendo.

Quiero darte una buena noticia: el éxito es una habilidad que se puede aprender.

Muchas personas dicen, "pero es que ir a una institución educativa y tomar un curso de negocios es aburrido, costoso, me queda lejos de mi casa o ya estoy muy viejo para eso". Y los entiendo, nos dejamos consumir por nuestros negocios, por el trabajo y no sacamos ni el dinero, ni el tiempo para aprender a ser exitosos. Es más, a veces tenemos más dinero para cosas suntuarias que para aprender a ser exitoso, a veces tenemos más tiempo para ver telenovelas que para estudiar cómo manejar o mejorar nuestros negocios.

A la hora de la verdad son excusas, pero las usamos como argumentos para impedir tener éxito. Como si el éxito no estuviera reservado para nosotros, como si el éxito excluyera a la gente por la edad, por el tiempo del que disponen o por el dinero que tienen. Pero si fueras a un instituto de negocios que te ayudara a mejorar tus habilidades, seguramente, tendrías asegurado tu éxito.

> **Recuerda que los negocios fracasan no porque la gente no haga las cosas, sino porque las hacen mal.**

La mejor actividad que tenemos todos es la de pensar, es la habilidad que nos diferencia de otros seres de la naturaleza. Hay gente a quien le pagan por pensar, así que te voy a poner a trabajar en ello para que seas tu quien identifique cómo lograr el éxito.

Quiero hacerte solo una pregunta: ¿alguna vez has pensado cuánto quieres ganar al año? ¿Tienes una cifra en la cabeza?

Vas a escribir en tu cuaderno de negocios la cifra que tú deseas ganar al año, es la cantidad de dinero que te gustaría ganar cada* *año de trabajo empezando ahora mismo. Vas a anotar **tu meta.*

*Después, cuánto dinero ganaste en los últimos 3 meses. Esa cifra la multiplicas por 4 y la vamos a llamar **tu realidad actual.***

*Ahora, de la cifra que tienes como meta, resta la cifra de tu realidad actual y esa cifra es **tu número mágico**. Ese número es <u>la cantidad en la que necesitas incrementar tu ingreso</u> para alcanzar tu meta.*

*Por último, multiplica tu número mágico por 0.1, es decir, el 10 por ciento y le sumamos tu realidad actual. El resultado es **tu número mágico a corto plazo.***

Te lo explico más gráficamente:

Digamos que tu meta es ganar 200.000 dólares al año y en los últimos 3 meses has ganado 3.000.

3.000 x 4 = **12.000** dólares al año (tu realidad actual)

200.000 - 12.000 = **188.000** dólares (número mágico)

188.000 x 0.10 = 18.800 + 12.000 = **30.800** dólares (número mágico a corto plazo).

Ya tienes un objetivo claro, ¿puedes lograrlo?

¡Claro que sí! Me dirás, "pero esa no es la cifra que yo deseo"… y esa es una de las claves del éxito.

Desconfía de quien te diga que tiene un negocio que te convertirá en millonario de la noche a la mañana.

Escucha bien: <u>los negocios grandes fueron negocios pequeños que hicieron las cosas bien</u>, repite, los negocios grandes fueron negocios pequeños que hicieron las cosas bien. Roma no se construyó en un día y ese es el gran pecado que comete la gente, pretender hacerse rico de la noche a la mañana... y no, esa no es la forma. Los negocios no son cajeros automáticos. Desconfía de la persona que te diga que tiene un negocio donde te vuelves millonario de la noche a la mañana, la mayoría de esas personas terminan en la cárcel o en el cementerio.

Tú puedes tener una vida libre de preocupaciones económicas, sin tener que volver a pensar si hay dinero para pagar la cuenta de la hipoteca, la cuota del carro o la tarjeta de crédito. Pero debes saber que todo se construye poco a poco: empiezas incrementando un 10 por ciento, luego un 20 y en menos de lo que piensas vas a llegar a tener lo que deseas y mucho más porque luego de que entiendes el concepto, ganar dinero será más fácil y lo mejor es que si mejoras tu conocimiento empresarial, acortarás ese camino.

Ahora veamos qué pasa si tienes un negocio, por ejemplo un negocio en Internet. Si tú quieres ganar $30.000 al año, ¿cuánto debería vender tu negocio?

Digamos que la utilidad de tu negocio es del 40 por ciento. Cada industria tiene números diferentes, hay ramos como el petróleo cuya utilidad es del 7 por ciento, un restaurante puede ser del X por ciento, etc. En Internet el margen es mayor, así que podríamos calcular un 40 por ciento.

Utilidad (U) es igual a ventas (V) menos gastos (G) y si la utilidad es del 40 por ciento de las ventas, eso significa que:

$U = 30.000$	$U = V - G$	$V = 75.000$	$U = V - G$
$30.000 = V \times 40\%$		$30.000 = 75.000 - G$	
$V = \dfrac{30.000 \times 100}{40}$		$G = 75.000 - 30.000$	
		$G = 45.000$	

Es decir, tienes que vender $75.000 al año en productos de Internet y si el promedio de venta es de $50/producto, tienes que vender 1.500 productos al año, 125 al mes, más o menos, 4 al día.

Solo si haces tus análisis puedes establecer tus metas y superarlas, de lo contrario nunca vas a poder darte cuenta de qué necesitas para alcanzarlas.

Ejercicios

Hazte las siguientes preguntas:
1. ¿Puedo vender mi negocio algún día?

_____

2. ¿Alguien estaría interesado en comprarlo?

_____

3. ¿Depende el negocio de mí?

_____

4. ¿Qué quieres hacer con tu negocio?

Descarga un archivo PDF con los ejercicios para imprimir en:
www.12claves.com/regalo

CLAVE # 2

Escoge el negocio correcto, en el momento correcto

Todos hemos escuchado la famosa frase, "¡qué suerte tuvo esta persona, le pegó al negocio!". Muchas veces la gente lleva años preparándose para empezar un negocio, pero otras, simplemente, han tenido el olfato, los sentidos, para descubrir ese negocio que en este momento puede ser un éxito. Por eso, te voy a dar unas claves de poder para ayudarte a identificar ese negocio exitoso.

Hay cuatro factores que determinan tus ingresos:
demanda + oferta + calidad + cantidad = dinero

Hazte las siguientes preguntas sobre tu negocio o el negocio que quieres empezar:
- ¿Qué demanda existe para ese "valor" que tu aportas?
- ¿Qué porción del mercado tiene tu producto o tu servicio?
- ¿Es un producto de alta demanda?
- ¿Es de alta demanda en este momento o será de alta demanda por alguna razón en el futuro?

Ahora, la oferta de ese **"valor"** que tu aportas:
- ¿Qué porción del mercado tiene actualmente tu valor?
- Ese producto o servicio que tú ofreces, ¿ya lo tienen tus posibles clientes? ¿Puede ser obtenido de alguien más además de ti?
- Analiza si tu producto o servicio está siendo ofrecido, ¿cuántos competidores tienes?, ¿la gente ya tiene tu producto y no le hace falta comprarlo de nuevo?
- Recuerda que cuando la oferta es limitada, el valor de tu producto o de tu servicio se incrementa.

Ahora veamos la **calidad** del producto o servicio que ofreces:
- ¿Qué tan bueno es el producto?
- ¿Qué tan bueno eres tú?

Si eres alumno mío, sabes que siempre te digo que tienes que ser el NÚMERO UNO en lo que haces. Si no puedes diferenciarte, es mejor que cambies de producto o de servicio.

<u>Ser el mejor te asegura estar en la lista de opciones que tu cliente tiene a la hora de comprar.</u>

La última variable es la **cantidad** de valor que ofreces:
• ¿Cuánta cantidad de tu producto o tu servicio puedes distribuir?
Esta es quizás la variable más importante a la hora de generar riqueza en tu negocio. Tú puedes tener un excelente producto o servicio, tienes mercado, pero no tienes la suficiente cantidad para crear riqueza, prosperidad. Así que <u>mi consejo, si tú quieres ser rico, es que distribuyas un producto de valor a la mayor cantidad de gente posible.</u> No importa si eres un emprendedor en línea, si tienes un restaurante, si eres un vendedor: el principio de riqueza es el mismo.

Demanda + oferta + calidad + cantidad = dinero

El cielo es el límite, si distribuyes valor masivamente, ¿adivina qué? ¡Vas a recibir dinero masivamente!
Así que esa es una de las claves de poder, **dar valor en forma masiva.**
<u>Recuerda que cuando la demanda es alta y la oferta es baja, es el momento correcto de crear un negocio</u> que satisfaga esa demanda. No te metas a un negocio que tenga una oferta superior a la demanda.

Otra clave es **mejorar algo existente.**
• ¿Hay algo en otra parte del mundo o de mi país que no está

> **Siempre hay negocios que funcionan en un lado del mundo y que igualmente pueden funcionar, incluso mejor, en otro lado.**

en mi área y que yo puedo hacer igual o mejor?

• ¿Puedo conseguir una licencia o una franquicia de ese negocio que no está en mi área?

Un negocio que funciona muy bien en un sitio puede funcionar igual en otro y tú puedes ser el primero en abrirlo en tu ciudad.

Para los dos casos siempre hay territorios vírgenes que no ofrecen ese servicio o no distribuyen ese producto. Siempre hay negocios que funcionan en un lado del mundo que pueden funcionar igual de bien o mejor en otro.

Piensa que vivimos en una economía global y que hay negocios en otros países, productos, y representaciones disponibles que estarían felices de recibir propuestas de personas que quieren ampliar su mercado.

Imagínate que pudieras tener contacto con otros emprendedores en otras partes del mundo que te cuenten ideas de negocios que están funcionando en sus países o que te ayuden a impulsar tu emprendimiento con consejos que funcionan en otros lugares. ¿Sería poderoso, verdad?

Y eso es posible ahora porque la tecnología de capacitación por Internet lo permite. Así que no es como antes, ahora tú puedes tomar una clase y tener compañeros en cualquier país del mundo. Yo tengo alumnos en Australia, en Japón, en casi todo el continente americano, algunos países europeos y ¡hasta en África! Todos son de habla hispana y es poderoso poder estar en contacto con gente de todas las latitudes.

Solo tienes que aprovechar esas oportunidades, formar parte de ese movimiento de emprendedores que queremos cambiar nuestro futuro. Pero, cuidado, no te confundas: <u>antes de ir de donde estás ahora a dónde quieres llegar, debes dejar de buscar oportunidades y centrarte en construir tu negocio, el negocio correcto.</u>

Una de las claves de poder más importantes
de un negocio es **la pasión.**

Gran parte de tu tiempo lo vas a pasar en tu negocio, quizá más horas que las que pasas con tu familia o con tu pareja. Así que si no estás enamorado del negocio, no vas a poder tener la paciencia para entenderlo, te vas a desesperar cuando no veas un resultado o simplemente le vas a ser infiel. Tener un negocio propio es como estar casado, por eso tienes que estar enamorado para aguatar las épocas de crisis y disfrutar las de bonanza.

Alguien me decía que si uno logra tener un negocio y amarlo, nunca tendrás que trabajar, y es así: <u>si sientes pasión por lo que haces, tus horas en el trabajo serán placenteras</u> y no una tortura.

Muchas personas cuando deciden tomar el paso de empezar un negocio propio lo hacen porque quieren trabajar menos, esa es la peor excusa que yo he escuchado, la verdad, yo la dije hace muchos años cuando decidí empezar mi propio negocio. Un emprendedor no tiene horario y seguramente si pensaba trabajar menos… ¡ahora va a trabajar más!

**Haz una pausa y escribe una lista de las 10 actividades que mejor haces y otra con los 10 negocios que tienen más futuro en tu mercado, según consideres. Después realiza una lista con los 5 negocios que quisieras emprender.

Si uno no siente pasión por su negocio, acabará rindiéndose ante la primera dificultad que se le presente.

Una vez tengas esta lista subraya las actividades o negocios que se repiten en cada una de ellas. Por ejemplo, si te fascina cocinar, quieres tener un restaurante y consideras que la comida puede ser un negocio con futuro, ya hemos encontrado una buena pista. Pero si no te gusta el ruido, detestas trasnochar y quieres empezar un centro nocturno, hay algo que no encaja, así el negocio pueda ser de futuro en tu área.

Nunca empieces un negocio solo pensando en que es un buen negocio, los "buenos" negocios son buenos en la medida en que uno se divierte trabajando en ellos.

Si te diviertes haciendo lo que haces, si lo que sientes es pasión, esa pasión la vas a trasladar a tus empleados y a tus clientes. Esa energía es la que hará que tu negocio prospere. Si lo único que te motiva es el sonido de las monedas o contar los billetes, la motivación durará hasta que el dinero fluya. El día de una dificultad, perderás toda motivación y terminarás abandonando tu emprendimiento.

Analiza si el negocio o negocios que estás considerando tienen futuro, si la demanda es creciente, si hay dificultad para realizarlo, si puedes controlar los precios, si hay competencia y de qué tamaño, si hay mercado y dónde podrías desarrollar ese negocio. Para analizar cuáles pueden ser los negocios con más potencial, examina los que puedan tener crecimiento actual y/o futuro. Fíjate en los negocios que no estén saturados en el mercado, que tengan posibilidad de tener clientes y que estos tengan la capacidad económica para consumir sus productos o servicios. Analizados estos aspectos, podrás ir depurando la lista de selección y vas a tener la visión de qué tipo de negocio es el mejor para ti.

Recuerda que el orden no necesariamente es "qué me gusta, para qué sirvo y cuál es el potencial". El orden puede ser "qué necesidad existe, qué deseo y cuál es el potencial".

Sí, aunque no lo creas, si no estás enamorado de tu negocio, si no te brillan los ojitos cuando hablas de él, difícilmente vas a poder seguir viviendo con él.

Recuerda que un negocio es como un matrimonio, tú pasas horas enteras trabajando en él, bien sea en un negocio físico o detrás de un computador. Si tú no amas a tu esposa, si no tienes pasión por ella, a la primera despertada sin maquillaje... la botas. El amor va más allá de una cara bonita y en los negocios es igual, esto va más allá de ganar dinero.

En los negocios hoy se gana, mañana no y si uno no está enamorado, si no siente pasión, a la primera dificultad... se desilusiona y cierra. Por eso en los negocios de Internet hay tanta deserción, porque no hay compromiso, porque los costos de entrada son muy bajos y la gente no arriesga nada, no se toma el tiempo para enamorarse del negocio y termina divorciándose de él.

Por eso es muy importante que <u>nunca te metas en un negocio solo porque es un negocio lucrativo.</u> Si a ti no te gusta, si va en contra de tus principios, por más lucrativo que sea, nunca te vas a apasionar y terminarás atrapado dejándolo en manos de otras personas hasta que tarde o temprano cierres y pases a ser parte de las estadísticas... porque una cosa es delegar y otra muy diferente ceder. Cuando eres un empresario creas sistemas para delegar tu trabajo; pero cuando te aburres, terminas desentendiéndote de tu negocio y lo que haces es desprenderte del mismo cediendo a otros la responsabilidad.

Cada vez que compras una solución mágica porque te quieres volver rico, estas actuando como oportunista. Cada vez que aprendes una nueva táctica, actúas como oportunista y terminas encadenado.

La mejor forma de empezar un negocio es desde el negocio actual.

Cuando un emprendedor está buscando la forma de empezar su propio negocio, el primer consejo que hay que darle es asegurar el que tiene. Usualmente, el deseo de iniciar un emprendimiento hace olvidar la realidad y muchos llegan al momento del arranque sin ni siquiera tener cómo pagar sus gastos personales.

Siempre y cuando eso sí, se tenga la ética con tu actual patrón. Es decir, tus sueños de empresario no deben quitarle horas a tu trabajo y desde luego menos información o clientes. Recuerda que esta vida está construida con un principio básico "la ley de causa y efecto", tú no quisieras hacerle a tu jefe lo que un día un empleado pudiera hacerte a ti.

35

Esa tranquilidad de tener un trabajo y desde luego un ingreso, te dará la oportunidad de pensar tranquilo en tu nuevo negocio. Ahora sí te voy a dar algunas ideas de algunos tipos de negocios para que te sirvan en tu escogencia.

Voy a dividir los negocios en varias categorías, la primera es el tipo de negocios por el sitio donde se desarrolla. Con la aparición de las nuevas tecnologías es cada vez más común que los negocios pasen de locales físicos a virtuales, donde una computadora y un teléfono sirven de sitio para desarrollar un negocio sin importar su dirección física.

Tipo de negocios por locación
- **Físicos:** negocios que requieren un lugar para atención, una panadería, un salón de belleza, un taller de reparación mecánica, una fábrica, una tienda de libros, etc.

- **Virtuales:** negocios que no requieren un lugar físico, como los negocios por Internet y servicios por teléfono.

Tipo de negocios por forma de venta
- **Servicios:** como consultorías, publicidad, diseño de páginas web, peluquerías, agencias de viajes, etc. Este tipo de negocios no tiene inventario, su principal inventario es el tiempo. Por lo general aprovecha la capacidad o el conocimiento del dueño, el monto de inversión es bajo. La debilidad es que el técnico, es decir, el dueño que sabe del manejo del negocio, termina consumido por el mismo si no organiza un sistema que lo lleve a que su negocio trabaje para él y no trabaje él para su negocio.
- **Productos:** en esta categoría hay tres tipos de negocios, distribución, producción y extracción.

· **Distribución de productos:** tiendas, restaurantes, almacenes especializados, etc. Este tipo de negocios requieren una inversión mayor, un número de empleados y por lo general un sitio físico para operar, muchas veces con atención al público e inventario. Muchos de ellos requieren permisos de operación.

· **Manufactura de productos:** ensamblaje o producción de partes, piezas o productos. Va desde muebles o artesanías, hasta aviones, barcos o lo que la imaginación quiera. La mayoría de las veces la fabricación requiere capital, tecnología, espacios grandes para montar la producción, personal calificado y sistemas de distribución efectivos.

· **Extracción de productos:** explotación petrolera, pesca, minería, etc. Por lo general son negocios de gran envergadura e inversión, casi todos requieren permisos gubernamentales o concesiones.

Tipo de negocios por cantidad
- **Minoristas:** son negocios que compran en cantidad y luego revenden al menudeo, como las ferreterías, tiendas, farmacias, etc.

- **Mayoristas:** son por lo general negocios que actúan como intermediarios entre los productores y los negocios minoristas. Son aquellos como los grandes depósitos de construcción, las distribuidoras de alimentos, etc.

Otros tipos de negocios:
- **Franquicias:** es un negocio propio donde se licencia un modelo de negocios de otra empresa bajo un contrato de franquicia o licencia.

- **Multinivel:** es un sistema de comercialización de productos donde el emprendedor actúa como un negocio propio bajo un modelo de negocios existente sin el compromiso de una franquicia.

- **Negocios huecos:** negocios basados en la tercerización, es decir, que subcontratan la producción, la distribución y solo realizan el mercadeo, por ejemplo.

Debes identificar qué tipo de negocio quieres empezar, recuerda que un negocio puede estar en diferentes categorías: por ejemplo, puede ser físico o virtual, de servicios, minorista, etc. Los tipos de negocios que he dejado a tu consideración son básicamente para ayudarte a identificarlos, pero ahora quiero dejarte los consejos más importantes a la hora de escoger uno en particular.

¿Qué debe tener mi negocio?
Hazte las siguientes preguntas:
1. ¿Es algo que me gusta hacer?
2. ¿Qué tanto conozco del negocio?
3. ¿A quién le voy a vender?
4. ¿Es mejor que lo que existe?
5. ¿Me puedo convertir en el número uno?
6. ¿Le vendería este producto a mi madre o a mi mejor amigo?
7. ¿Hay una demanda real para el producto o servicio que quiero desarrollar?
8. ¿Es la demanda lo suficientemente grande?
9. ¿Tiene un potencial económico a largo plazo?
10. ¿La demanda está concentrada o esparcida?
11. ¿Puedo crecer el negocio?
12. ¿Puedo controlar los precios?

13. ¿Qué tal fácil es empezar o manejar el negocio?
14. ¿Qué tipo de empleados debo tener?
15. ¿Quién va a vender el producto o servicio?
16. ¿Cómo me van a pagar?
17. ¿Tengo la capacidad financiera para empezar o necesito endeudarme?
18. ¿Puedo tener un plan B en caso de que no funcione el negocio?

Solo cuando diseñas una estrategia pasas a ser un emprendedor exitoso.

Ejercicios

Responde a las siguientes preguntas:

1. ¿Cuál es la demanda de mi producto o servicio?

_____

2. ¿Cuál será la demanda de mi producto o servicio en 5 años?

_____

3. ¿Qué tan bueno es?

_____

4. ¿Cómo puedo mejorarlo?

_____

**Descarga un archivo PDF con los ejercicios
para imprimir en:
www.12claves.com/regalo**

CLAVE # 3

Haz de tu misión un mantra

¿Sabes lo que es un mantra, verdad? Es una frase o palabra que se repite como apoyo a la meditación y que nos permite entrar en una concentración profunda.

Si antes te hablé de "**claridad**", la otra palabra es "**concentración**".

Tú tienes que tener una misión y un propósito en tu vida empresarial. Por lo general, estas tienen que ver con la gente: tu propósito en la vida puede ser cambiar el mundo, o darle un futuro mejor a tu familia; tu misión es el motivo por el cual existe la empresa. Convierte esa misión en una frase poderosa que tú, los que trabajan contigo y tus clientes la conozcan.

Si tu misión es clara, la gente va a entender por qué haces lo que haces, tus colaboradores van a trabajar con esa misión en mente y tus clientes te van a comprar porque comparten esa misión.

La gran mayoría de mis clientes en el negocio de publicaciones, que lleva más de 10 años anunciándose conmigo, tiene la misma misión que yo: mejorar la vida de la comunidad hispana en mi área. La mayoría de

> **Repite tu misión una y otra vez, ¡crea un mantra con ella y deja que todo el mundo la conozca!**

las personas que compran mis productos en Internet comparten mi misión: ayudar a los emprendedores hispanos a generar riqueza gracias a sus propios negocios.

Si tú sabes comunicar tu misión, te sintonizas con tus empleados, con tus clientes y con tus seguidores. Además, si la gente está en sintonía contigo, te va a comprar lo que tú le ofrezcas.

Así que repite tu misión una y otra vez, crea un mantra con ella y deja que la gente la conozca.

No sabes lo poderoso que es en los negocios desarrollar un plan estratégico conociendo visión, misión y propósito. Esto crea los cimientos de tu ÉXITO.

Tu visión es saber cómo quieres que sea tu negocio: cómo quieres que te vean tus clientes en 10 años, por ejemplo; qué quieres que digan de ti, de tu negocio. Esa es la visión y es poderosa porque traza el destino de tu negocio, te ayuda a tomar decisiones en tu vida y la de tu emprendimiento.

La gran mayoría de la gente no le da importancia a estas tres palabras, visión, misión y propósito. Pero son profundas y poderosas porque cuando aprendes a identificarlas sabes lo que puedes hacer o no en tu negocio.

Siempre lo digo en mis cursos, **todos deberíamos tener esa visión personal, esa misión personal, ese propósito propio y nuestra vida sería más fácil.**

Para definir la visión solo hay que hacerse una pregunta: si tu negocio fuera perfecto algún día en el futuro, ¿tú cómo lo definirías? ¿Cómo sería? ¿Cómo te gustaría que fuera? ¿Cómo sería su reputación si tu negocio fuera perfecto? Esa es tu visión y eso lo debes anotar porque así debe ser tu negocio en un futuro y todos los que trabajen contigo lo tienen que entender.

Para definir la misión, la pregunta es, ¿qué quiero alcanzar y que mis clientes alcancen? "Ofrecer la mejor información, satisfacer las necesidades de mi cliente, dar una solución a los problemas de mi cliente en un mercado particular... y como consecuencia, convertirnos en una compañía con 10 millones de dólares en ventas". Esa es la misión de la empresa y todas las personas tienen que "comprar" bajo esa misión. Debes estar claro con ella y así mismo debes tener tu propia misión personal y familiar ¡y escribirla!

El tercer paso es <u>el propósito</u>: ¿por qué diablos me metí en esto? ¿Cuál es el propósito del negocio? ¿Por qué estoy haciendo lo que estoy haciendo? Y eso siempre tiene que ver con otra gente: por mi familia, porque quiero cambiar o mejorar la vida de otras personas... Y tú debes saber bien ese propósito y que las personas que trabajen contigo lo sepan también y lo tengan claro. Hay un autor que se llama Guy Kawasaky que tiene un libro titulado El Arte de Empezar y dice que todo negocio que es exitoso es porque tiene como propósito cambiar el mundo.

Te estarás preguntando, "¿por qué Luis Eduardo está haciendo esto?" Y la verdad es que llevo 13 años con mi propio negocio y desde el primer día he tratado de alentar a otras personas a hacer lo mismo. Tengo un blog en Internet (comoempezarunnegocio.com), he dado seminarios gratuitos, asesorías pagas, conferencias... porque estoy convencido de que la mejor forma de cambiar nuestras vidas es a través de nuestros propios emprendimientos. Por más de 10 años le he preguntado a la gente cuál ha sido el secreto de su éxito y ellos me lo han confesado y con base en esas experiencias de personas famosas o sencillas, de empresarios de carne y hueso, de personas reales como tú o como yo, empecé a identificar las claves

El 70% de los negocios fracasan porque el dueño no reconoció sus debilidades.

que hacen de un negocio, un negocio exitoso y eso es lo que quiero compartir contigo. Mi propósito es tener un millón de millonarios.

**Ahora haz una pausa en tu lectura y escribe cuál es tu visión, tu misión y tu propósito, ¿por qué o por quiénes estás haciendo esto? ¿Por qué quieres empezar un negocio o por qué tienes uno?*

Lamentablemente, esto no nos lo enseñaron nuestros padres, ni en la escuela y, para serte franco, a veces ni en las escuelas de negocios porque, desafortunadamente, a menudo las personas que dan las maestrías de negocios nunca han tenido uno. Así que cuando tomes un curso, hazlo de la mano de alguien que ya ha recorrido el camino, que ha cometido errores, que haya tenido éxito y que te pueda enseñar con la práctica cómo puedes manejar tu negocio para convertirlo en un caso de éxito.

Es muy diferente conocer las tácticas, que aplicar una estrategia:
-**Táctica** es el método que empleamos para alcanzar un objetivo.
-**Estrategia** es ese conjunto de acciones planificadas en el tiempo que se llevan a cabo para lograr un fin determinado.

Hay una guerra y el fin es ganarla, hay muchas tácticas que podemos usar para lograrlo; pero si esas tácticas no están planificadas, raramente se lograrán los objetivos (digo raramente porque a veces, la suerte juega un papel en ello, pero nosotros no podemos dejar que la suerte tome las decisiones de nuestra familia). Recuerda que el 70 por ciento de los negocios que fracasan es porque el dueño no reconoció sus debilidades empresariales y peor aún, no quiso buscar ayuda o capacitarse.

La gente comienza sus negocios porque sabe un oficio. La peluquera que monta una sala de belleza, el panadero que monta una panadería, la señora que sabe cocinar y decide montar un restaurante… Todos ellos saben mucho de sus oficios, pero ¿saben de negocios? ¿Saben estructurar su empresa para que funcione sin ellos? ¿A cuántas personas conoces que no pueden tomar vacaciones porque si se van no ganan dinero? Igual que un empleo, con la diferencia de que en algunas empresas te pagan las vacaciones, pero en la tuya no. Incluso si estás trabajando en un negocio de Internet, no te rías mucho: te puedes ir de vacaciones, pero vives atado a la computadora.

Todos hemos escuchado las palabras misión, visión y propósito de una empresa. Cuando vamos a compañías grandísimas, en la recepción, en marco dorado o en una placa, está la visión y la misión de esa compañía. Pero yo no veo ninguna visión o misión en un negocio mediocre, en ninguno. Aunque, las grandes empresas, las empresas exitosas, lo hacen y la razón es muy elemental: esas palabritas son la "constitución de nuestra empresa", es saber a dónde vamos. Yo siempre digo que <u>si no sabemos a dónde ir, cualquier camino que tomemos nos sirve; pero lo peor es que nunca vamos a saber si ya llegamos o nos falta camino por recorrer porque estamos manejando a ciegas.</u>

> **El emprendedor debe ser como el general de una batalla, que conoce bien las tácticas y sabe cuándo aplicarlas.**

Saber a dónde vamos es la clave del éxito, hay que tener un mapa. Con eso uno no se pierde. Recuerda que cuando empiezas un negocio, empiezas un viaje y si no sabes tu destino o no tienes clara la ruta, terminarás fracasando… y muchos empezamos nuestro negocio sin saber para dónde ir.

El cuarto paso de este plan estratégico es preguntarte cuáles son tus metas, cuáles son tus objetivos. Es imprescindible trazarse los objetivos para llegar al éxito: a dónde quieres llegar, en cuánto tiempo, cómo lo vas a lograr... Las palabras son muy poderosas, no es un tema esotérico, pero una palabra puede cambiar tu vida.

Seguro que has escuchado hablar del plan de negocio, ese es uno de los puntos más importantes sobre los que tienes que aprender. Pero para poder hacer un plan de negocios, antes necesitas tener claros tus objetivos.

> **Escribe tus metas y repítelas en voz alta, visualízalas para que tu cerebro esté en sintonía con tus deseos.**

Mira lo interesante que hemos hecho hasta aquí: identificamos cuánto quieres ganar, qué te apasiona hacer, a dónde quieres llegar, cuál es la razón para hacerlo, por qué quieres hacerlo... y ahora vamos a combinar todo esto con las metas que quieres lograr. Tú me preguntarás, "¿pero de qué me sirve todo esto?".

Si aprendes a trabajar la estrategia, tu vida cambia.

Si haces un plan detallado para lograrlo, vas a poder alcanzar tus metas. Es como el general que planifica su batalla, él sabe cómo usar sus recursos, su personal, sabe que tácticas aplicar y en qué momento. Así debe ser un emprendedor, el general de su empresa.

Y lo mejor es que tú puedes aprender a hacerlo. La gente paga muchísimo dinero para lograr títulos administrativos que muchas veces son dictados por personas que nunca han tenido una empresa, son solo teóricos. Pero la mejor capacitación de un emprendedor se consigue siguiendo los pasos de personas que lo han logrado (así lo hice yo).

Yo aprendí de mis mentores, asistiendo a cursos de personas que me dieron las bases, pero preguntando a la gente exitosa el secreto de su éxito y así fui conociendo las claves que lograron que yo también lo alcanzara.

Todos hemos sido programados, por la forma en que nuestros padres, nuestros maestros o las personas que nos han influenciado en la vida nos hablaron: "tú no sirves para nada", "es más fácil que entre un camello por el ojo de una aguja que un rico en el reino de los cielos", "eres negado para las matemáticas", "cómo eres de necio"... Te parecen familiares, ¿verdad? Esas frases pudieron haber marcado nuestras vidas y las siguen marcando.

Nuestro cerebro obedece a esas frecuencias que constantemente le estamos enviando a través de nuestras palabras y cuando esas palabras las escribimos, toman aún mucho más poder cuando las visualizamos. Así que si nos han afectado negativamente, ¿por qué no podemos hacer que nos afecten de una forma positiva?

Si tú tienes claras tus metas tienes que decirlas, repetirlas y escribirlas para que esas metas se hagan realidad, para que tu cerebro esté en sintonía con tus deseos y tu subconsciente no sabotee tus acciones.

Escribe tus metas, tus objetivos, ponles fechas concretas, repite en voz alta tus metas las veces que puedas y escríbelas en muchos sitios para que las puedas recordar. Escribe la cifra que quieres ganar, cómo la quieres ganar, cuándo lo quieres hacer...

** *Párate a anotar tus objetivos para este año, para los próximos 3 años, para los próximos 5 años, para los próximos 10 años... Escribe tus objetivos personales, familiares y empresariales. <u>Entre más objetivos tengas, más razones vas a tener para lograrlos.</u> No te preocupes si no te fluyen las palabras, lo importante de este ejercicio es que lo hagas ya, no te tomes más tiempo para pensarlo porque lo primero que se te viene a la cabeza es precisamente lo más valioso.*

Para terminar este capítulo te voy a dejar con la tarea más importante, vamos a calificar tu conocimiento basado en tu desempeño en negocios. Esta calificación se conoce como **visión empresarial basada en tu desempeño.**

En una escala del 1 al 10 califica el desempeño de tu negocio:
1. Tú has estudiado bastante, no has hecho nada y no tienes dinero.

2. Has estudiando bastante, has hecho algunas cosas pero tienes menos dinero del que gastas.

3. Has estudiado mucho, has tratado varias veces, has hecho algún progreso pero no dinero de verdad.

4. Has tenido algo que trabaja, estás haciendo algo de dinero, pero todo lo estás haciendo tú mismo.

5. Has tenido algo que trabaja, estás haciendo un dinero decente y tiene futuro, tienes ayuda pero eres el único que trae el dinero.

6. Tienes un negocio, no está creciendo de la manera que quieres, estás haciendo un dinero decente, estás trabajando muy duro para lograrlo.

7. Tu negocio está creciendo pero trabajas 80 horas a la semana. Haces buen dinero pero no tienes vida debido a tu trabajo.

8. Tu negocio está creciendo pero tienes un trabajo de tiempo completo, estás haciendo buen dinero y tienes tus fines de semana libres.

9. Tu negocio está creciendo con muy poca atención de tu parte, te está trayendo muy buen dinero, tienes algunas responsabilidades, pero tienes una buena vida.

10. Tu negocio crece sin ti, estás haciendo más dinero del que puedes gastar, estás libre financieramente y tienes una vida que adoras.

Toma un tiempo y mira en cuál de estas categorías estás tú, cuál de estas categorías aplica para ti. Para que esto funcione debes ser honesto y objetivo con tu respuesta, escoge el número que mejor describa tu situación actual...

Piensa en la visión que escribiste sobre cómo sería tu negocio perfecto en el futuro y piensa qué calificación tendrías que tener para hacer ese sueño realidad. Si eres como la mayoría de los emprendedores, seguramente tu meta será estar entre un 9 o un 10. Ahora tienes otra meta, ya sabes dónde estás y qué te falta para alcanzar el estilo de vida que siempre has soñado.

La buena noticia es que **ya tienes una visión clara de lo que necesitas hacer y a dónde tienes que llegar.**

Para alcanzar tus sueños empresariales lo primero que tienes que hacer es eliminar las falsas creencias e incrementar tu conocimiento empresarial.

*Antes de pasar a la siguiente página, califica tu desempeño y compáralo con tu visión a largo plazo.

Ejercicios
Hazte las siguientes preguntas:
1. ¿Cuál es tu Visión?

_____

2. ¿Cuál es tu Misión?

_____

3. ¿Cuál es tu Propósito?

_____

**Descarga un archivo PDF con los ejercicios
para imprimir en:
www.12claves.com/regalo**

CLAVE # 4
Diseña el mapa
del tesoro

Nunca he visto fracasar un negocio porque su propósito haya sido grande, <u>los negocios fracasan po que sus propósitos son pequeños o simplemente porque no tienen un propósito.</u>

Conozco muchas historias de personas que me dicen estar estancadas en sus negocios. Me dicen que no se apasionan estando en ellos y cuando les pregunto cómo se metieron en ese negocio, la respuesta por lo general es que un amigo les dijo que daba dinero, que les invitaron a participar... o, simplemente, "no lo sé, terminé haciendo esto porque era lo que sabía hacer..." ¿Y llevas toda la vida metido en un negocio sin saber realmente por qué?

> **¡CUIDADO!**
> **Sin una visión, una misión y un propósito, es muy difícil que logres alcanzar el éxito con tu negocio.**

No importa que seas un negocio pequeño, que tú seas el único empleado, **debes tener un plan estratégico.** No importa si es una hoja, no importa si tu negocio lo acabas de empezar, si lo vas a empezar ahora o ya llevas años con él.

Si no tienes un plan, una visión, una misión y un propósito, es muy difícil que realmente puedas construir un negocio, que puedas salir de la situación en la que estás. Ahora, si quieres pasarte la vida lamentándote y quejándote de tu situación, sigue como vas; te respeto, hay personas que les gusta sufrir, pero estoy seguro de que si sigues leyendo este libro es porque quieres buscar una solución.

> **Todos tenemos algo de emprendedores cuando nacemos. Pero en algún momento nos dijeron que eso era imposible, que no se podía hacer.**

Todos, de una u otra manera, tenemos algo de emprendedores cuando nacemos. No sé si te acuerdas que querías vender limonada en el vecindario, o que llevabas galletas a la escuela para venderlas. Mi hermano hacía cometas o papalotes, mi esposa dulces... Yo cuando era niño quería tener una iglesia, me gustaba eso de que uno fuera los domingos a misa y la gente diera dinero...

No te olvides de llevar contigo el mapa cuando vayas a emprender un viaje: te ahorrará tiempo y dinero.

Pero nos han frustrado nuestros negocios, nos decían que no, que eso no era posible. A mí, por ejemplo, me dijeron que no podía cuando tenía 6 años y seguramente a ti te pudo pasar lo mismo.

Sin embargo, **los emprendedores no nacen, se hacen.**

Tenemos esa vocación empresarial, pero la desarrollamos con el conocimiento y por eso algunas personas tienen éxito y otras no. Todo se puede aprender y ser un emprendedor exitoso no es la excepción.

Siempre me han apasionado las historias de piratas, quizás porque me gusta el agua y navegar. Jugaba mucho a buscar el mapa del tesoro (incluso le organizaba esos juegos a mis hijos) y esa es la cuarta clave que te quiero revelar: te voy a enseñar cómo dibujar el mapa para encontrar ese codiciado tesoro en los negocios.

Si tú quieres ir a una ciudad que no conoces y sales por la carretera en el auto o tomas un transporte, ¿no miras un mapa para saber qué ruta tomar? ¿No colocas la dirección en un GPS? ¿Sales simplemente a donde te lleve tu destino?

Si tú vas a construir una casa, ¿empiezas a construirla sin saber dónde colocar las puertas, las ventanas, las luces, etc.?

Yo soy arquitecto y créeme, no conozco a mucha gente que lo haga de esa forma. Pero aun así, si alguien empieza a construir una casa sin saber dónde poner las cosas, se va a demorar más, le va a costar más y seguramente el resultado no será el mejor... Entonces, la pregunta es **¿por qué empiezas un negocio sin saber para dónde vas?**

¿Por qué empiezas un negocio sin tener un mapa, sin trazar un plan? ¿Te parece lógico?

Seguramente habrás escuchado a muchos amigos decir que así lo hicieron, que planear es una estupidez, que un plan de negocio es muy complicado, que es una perdedera de tiempo, etc. Y sí, hay gente que empieza un viaje, no lleva mapa, ni GPS, no sabe para dónde va, tampoco pregunta...y llega –aunque, se demora- ¿pero cuántos se pierden en el camino?

Sabiendo que hay formas más sencillas para llegar, ¿por qué deciden usar las más difíciles y dolorosas?

Te voy a poner otro ejemplo, quieres irte de viaje con tu familia, preparas el carro, lo llevas al mecánico, revisas que tengas todo el equipo de carretera listo y sales de vacaciones... Un pequeño detalle, no sabes a dónde vas, ¿harías eso? No creo, ¿verdad? ¿Y por qué lo haces en el negocio entonces? Compras un nuevo curso para ganar dinero y luego no sabes qué hacer con él y lo peor luego culpas al que te lo vendió... No, la culpa es tuya, solo tuya.

Volvamos al viaje de vacaciones, digamos que sabes para dónde vas, pero no sabes qué camino tomar, ¿qué harías? ¿Sales sin
sentido a aventurar por la carretera, a ver cuál te lleva y tienes
que estar parando en cada esquina a preguntar?

Recuerdo que mi cuñado, que vive en Canadá, me invitó a conocer los grandes lagos y salimos sin saber muy bien la ruta.
Llegamos dos horas más tarde y cuando estaba visitando el lugar miré un mapa y me di cuenta de que había una carretera
que lo llevaba a uno en un poco más de 30 minutos, ¿qué crees
que hice? Exacto, le regalé un mapa a mi cuñado para el viaje
de regreso… y ese es el secreto de los negocios, tener un mapa.

¿Cuántos de ustedes no comienzan una empresa a ver cómo
funciona? Me incluyo (¡y que golpes que me di!), luego aprendí
de personas exitosas, que el secreto de los negocios millonarios es tener un plan de negocio detallado para cada emprendimiento que uno comience, un plan a un año o a mucho más
tiempo. Además deben ser planes dinámicos, flexibles, que
permitan ajustarse a las circunstancias del mercado porque si
uno no modifica el plan cuando hay un imprevisto o una crisis,
se acaba, que es lo que ha pasado con muchas empresas en los
últimos años que no se adaptaron a las circunstancias de la economía o de la tecnología y tuvieron que cerrar.

Tu mapa del tesoro es la guía de tu éxito.

Ese mapa es un plan de negocios sencillo con un presupuesto a
un año, a tres, a cinco… donde escribes cuánto necesitas vender, cómo lo vas a hacer, qué necesitas para lograrlo. Este plan
a veces es sólo una hoja, pero puede ser la diferencia entre el
éxito y el fracaso.

Yo sé que no te gusta sufrir, que no quieres dejar a tu familia en la calle y que no quieres arriesgar tu dinero. Entonces, la pregunta es ¿por qué juegas con él como si estuvieras en un casino? ¿Por qué arriesgas el futuro de tu familia?

<u>Simplemente escribe tu plan, construye tu negocio entorno a ese mapa ¡y llegarás a la siguiente clave!</u>

Para apoyarte en esta etapa, te tengo un regalo:
un manual para diseñar tu mapa del tesoro,
una guía sencilla que te ayudará a planear tu negocio.
Lo puedes descargar en esta página:
www.12claves.com/regalo

Pero antes de cerrar este capítulo, tengo que darte una buena noticia.

<u>¿Sabías que nunca antes en la historia de la humanidad había sido tan fácil empezar un negocio?</u>

Hay un libro de Robert Kiyosaki, que me gusta mucho, titulado Padre Rico, Padre Pobre. En él, Kiyosaki dice que cuando fue a solicitar un préstamo en el banco nunca le pidieron sus calificaciones de los años de estudio, le pidieron un plan de negocios y sí, eso es lo que piden los bancos al lado de la cédula de la abuelita y otros miles de papeles que exigen. En este libro no te voy a hablar específicamente del plan de negocios para el banco (ese es mucho más detallado y complejo), simplemente te voy a revelar los elementos básicos que debes tener en cuenta para tu plan estratégico:

1. Resumen ejecutivo
Debes escribir una breve historia sobre lo que haces, quiénes lo hacen, qué vas a hacer, cuánto necesitas, cómo es tu mercado, las proyecciones de tu negocio, etc.

2. Descripción de la empresa
Tu misión, la historia de la empresa, los mercados, los productos, tus objetivos y la situación actual.

3. Productos y servicios
Descripción de tus productos o servicios, proceso de producción, cómo es tu distribución o servicio de entrega, cuáles son tus nuevos productos.

4. Plan de mercadeo
En este punto tenemos que hacer un análisis del mercado, la investigación de mercado, proyección de crecimiento, tendencias del mercado, información sobre tu producto o servicio, la demografía del cliente, quién es tu competencia, análisis de tus debilidades, oportunidades, fortalezas y amenazas, la estrategia de marketing, comparación de precios, el servicio al cliente, la retención de clientes y la proyección de ventas.

5. Plan de desarrollo
Estado actual del negocio, tus planes de desarrollo, la expansión prevista, adquisiciones de otras empresas, el cronograma de tu desarrollo, cuándo vas a hacer las cosas y los riesgos del negocio. Escribe aquí qué va a pasar con tu negocio cuando crezca, cómo va a ser la expansión, si vas a adquirir otros negocios para crecer, a comprar otros dominios de Internet o la lista de un competidor, vas a capitalizar, necesitas un socio, lo vas a franquiciar por ejemplo… ¿Cómo lo vas a crecer, si lo quieres crecer?

Es importante que lo tengas claro porque esos dolores de crecimiento son mortales para los emprendimientos. Uno empieza un negocio y si le va bien (como tiene que ser si lo haces de la forma correcta), crece y luego se vuelve una tortura... Por eso, en ese plan de negocios debes tener claras tus intenciones.

6. Estrategia de desarrollo
Tu localización, desde dónde operas, tus análisis financieros actuales, el equipo, vehículos y accesorios, los seguros, planta de producción, ubicación futura, ambiente legal, permisos, etc., tu personal, el inventario, tus proveedores.

7. Administración y organización
Personal necesario, fijo o contratado, asesores o mentores, personal clave, costos de personal, el outsourcing, tercerizar las tareas.

8. Plan financiero
Estado de pérdidas y ganancias, tu flujo de caja proyectado, el balance y análisis del punto de equilibrio.

El juego de cualquier negocio es tener prospectos, que estos prospectos se conviertan en clientes, que estos clientes nos compren más y más frecuente, que se conviertan en promotores de nuestro negocio y que nuestros costos sean bajos ofreciendo el mejor producto o servicio para tener la mayor utilidad y el mayor flujo de caja en nuestro poder.

Recuerda muy bien esta frase: <u>ese presupuesto se debe hacer para el primer año, el segundo, el tercero, el cuarto y el quinto, por lo menos</u>. Debes tener claro cuál va a ser el flujo de ventas y de gastos y desde luego el flujo de dinero que podrás tener disponible en tu negocio.

9. Financiación

Te vas a auto-financiar, qué garantía das, fuentes de pago, préstamos, microcréditos, etc. Con los números del capítulo anterior, vas a saber cuánto dinero necesitas y ahora vas a escribir cómo lo vas a conseguir. Necesitas un préstamo, tienes dinero ahorrado, vas a conseguir un socio, vas a solicitar un crédito en el banco o en alguna institución de ayuda a los pequeños negocios.

Si no haces el ejercicio, no vas a saber si necesitas dinero, cuánto y cuándo…yo he visto personas que le dicen a uno, "no tengo dinero para empezar un negocio" y uno les pregunta cuánto necesitas y la respuesta es "no sé". La gente no empieza sus negocios porque no tiene dinero para empezar y no sabe que la única manera de tener dinero es si empieza sus propios negocios.

10. Plan de salida

Esto es algo de lo que nadie quiere hablar, ¿qué pasa si el negocio no funciona, puedo cerrar? ¿Tengo contratos por cumplir, compromisos efectuados a largo plazo? ¿Tengo un plan B? ¿Qué he hecho para no afectar a mi patrimonio propio y el de mi familia? Y si por el contrario el negocio funciona, ¿lo voy a vender? ¿Qué pasará mañana, lo puedo heredar a mis hijos?

Este punto es crucial en esa hoja de ruta que es un plan de negocios. Mucha gente piensa en crecer sus negocios y luego venderlos, otra en dejarlos de herencia a sus hijos, ¿pero tienes realmente un negocio que puedas vender? ¿Qué le vas a dejar a tus hijos?

<u>Muchos emprendedores en solitario no tienen un negocio, lo que tienen es un empleo</u> a veces bien pagado, pero un empleo que solo tú puedes hacer y que no puedes vender porque está basado solo en ti… y si te enfermas o mueres, ese día se acaba el negocio y tu familia queda desprotegida.

Sin un plan de negocios, empiezas o manejas un negocio a ciegas o peor, dejando a la suerte sin saber si lo que se vendió ayer te generó una utilidad o no. Recuerda que tú no tienes un "hobbie", tienes un negocio y que el principio del negocio es generar utilidades, salvo que tú seas una entidad de beneficencia o un convento de hermanitas de la caridad…

Recuerda que fallar en la planeación significa planear el fracaso. Se necesitan planes claros con estándares escritos, con agendas, con fechas, etc. **Escribir los planes y verlos en papel incrementa dramáticamente el impacto, la exactitud y hace que las metas se hagan realidad.**

¡La planeación es imprescindible!

Planeación + Acción = Éxito

Nunca antes habíamos tenido tanta información a nuestra disposición, tantas herramientas, tanto conocimiento a nuestro alcance...

Antes, si queríamos aprender a manejar un negocio, nos tocaba aprender a golpes. Teníamos que aprender a prueba y error o matricularnos en escuelas de administración de negocios costosas, con horarios complicados, con la distancia, etc.

Hoy en día, la información viene a ti. La tecnología lo permite, **el mundo está a tu alcance**.

Pero sólo falta una cosa: decisión, que tú decidas alejarte del fracaso, del dolor de cerrar tu negocio porque no te funciona.

Solo falta que decidas aprender a construir tu propio éxito.

Si estás pensando en iniciar tu emprendimiento, hazlo, investiga, ¡prepárate!

Si eres un emprendedor en línea, ¡decídete a hacer las cosas como deben ser (negocios, no pasatiempos)!

Diseña tu Mapa del Tesoro, descarga el Manual en www.12claves.com/regalo

CLAVE # 5

Descubre tu cofre del tesoro

Hasta aquí todo va muy bien, pero tú me vas a preguntar: "sí, Luis Eduardo, tengo la estructura del negocio, ¿pero y qué vendo?". Fíjate lo importante de la pregunta, yo te di unas bases, pero no importa qué vas a vender. Yo te dije que quiero hacer de ti un empresario, no un oportunista. Tú conoces el concepto de los acueductos, esos tubos grandes por donde pasa el agua, lo que estamos creando es esa infraestructura, ese acueducto por donde puede pasar agua, gas o petróleo.

> **Si conoces bien la estrategia para ganar dinero, puedes vender cualquier cosa.**

Estamos creando una infraestructura para ganar dinero, una estrategia. Si la conoces, puedes vender cualquier cosa; si la omites, es posible que termines coleccionando cursos o soluciones mágicas para salir de pobre.

El conocimiento empresarial es básico, yo diría que es algo que deberían de enseñar en las escuelas. Pero, desafortunadamente, nuestros gobiernos nos enseñan a ser empleados, no a ser empresarios y a generar empleo. Nuestros padres nos educaron para conseguir el mejor trabajo posible, no para ser dueños de nuestros propios emprendimientos. <u>Mira a tu alrededor, mira el computador que usas, los programas que usas, los dueños de estas empresas son emprendedores</u> y están entre los más ricos del mundo: Bill Gates, Steve Jobs, Michael Dell... Todos empezaron en pequeño, en el dormitorio como empezó Mark Zuckerberg el creador de Facebook. ¿Qué tienen en común todos ellos además de ser billonarios? Son dueños de sus propios negocios.

Si tú quieres salir de donde estás, acabar con tus angustias, darle un mejor futuro a tus hijos, piensa en eso. **Piensa que tu negocio te puede dar todo**, eso siempre que aprendas a manejarlo bien y desde luego, que lo que aprendas lo lleves a la práctica.

Si tú me preguntas, "¿y qué vendo?", la respuesta es muy sencilla. Te voy a contar la historia de Dale Carnegie, el autor del libro *Cómo Ganar Amigos e Influir Sobre las Personas*. Carnegie cuenta en su libro que a él le encantaban las fresas con crema como a mí. Sin embargo, cuando salía a pescar no usaba como carnada fresas con crema, usaba lombrices. ¿Sabes por qué? Sí, porque a los peces no les gustan las fresas con crema, ¡les gustan las lombrices! Tú puedes tener un producto que te gusta, pero lo que tienes que hacer es vender una solución que necesiten tus compradores.

> **Vende siempre lo que necesiten tus clientes, no solo lo que a ti te gustaría comprar.**

Tú habrás oído hablar de los famosos nichos de mercado y en especial, de los tres mega-nichos (el de salud, dinero y amor). Pues el **nicho** es otro de los puntos más importantes de un negocio millonario, lo que tú tienes que buscar es una necesidad insatisfecha y suplirla.

Tienes que encontrar un mercado hambriento y después crear un producto. Debes buscar un nicho, identificar una necesidad y luego desarrollar un producto, usar tu "acueducto", esa infraestructura que estás creando para tener un negocio.

Te voy a contar la historia de una señora que tenía dos hijas menores de 3 años, Aspen y Sierra. Un día, Julie Aigner-Clark salió a buscar unos videos educativos para las niñas en la video-tienda, esos sitios de alquiler que ya son una especie en extinción. No encontró nada y al hablar con las mamás del jardín infantil, que se quejaban de lo mismo, ¡encontró una necesidad insatisfecha y decidió hacer sus propios videos! Reunió $10.000 dólares con su marido para comprar el equipo y así, en el garaje de su casa, el sitio preferido para los negocios exitosos, nació "Baby Einstein", una empresa de material audiovisual para preescolares.

Julie Clark comenzó su negocio en 1996 en el sótano de su casa en Georgia, Estados Unidos. Dos años más tarde sus ventas crecieron a un millón de dólares y en el 2000 las ventas sobrepasaban los 10 millones. Finalmente, la compañía fue vendida a Walt Disney Company por 25 millones de dólares y hoy las ventas de Baby Einstein sobrepasan los 500 millones. Se calcula que 1 de cada 3 niños menores de 3 años en EE. UU. tiene por lo menos un producto de Baby Einstein en su hogar.

Julie Clark descubrió una necesidad, entendió el mercado, vio potencial, se enamoró de lo que hacía y actuó, empezó un negocio exitoso.

¿Por qué te conté esta historia? Porque **tú puedes ser el próximo millonario del vecindario.** Esta señora vio un mercado hambriento, y decidió satisfacerlo. Como Julie, hay muchos empresarios que hoy están pensando en sus pequeños "Baby Einstein", por eso te dejo una tarea, quiero que analices el potencial de tu mercado e identifiques necesidades "únicas".

Ella no era diferente a cualquiera de nosotros, la cantidad invertida no fue exorbitante, la idea era buena, pero no "genial". Lo que hizo Julie fue crear un plan y pasar a la acción, concretó una idea, hizo realidad un sueño.

El problema que tienen los oportunistas es que solo piensan en la primer parte, crean el producto, pero no crean una empresa y sí puede que hagan un dinero, pero ahí queda. No generan un flujo de dinero porque no tienen una infraestructura de negocios y la venta de ese producto se queda en eso, en la caja menor y no en un flujo constante de dinero que los pueda convertir en verdaderos empresarios.

Yo creo que además de los tres mega-nichos de salud, dinero y amor, existen otros nichos muy productivos, como el ocio (que incluye turismo, deporte, entretenimiento), el de belleza (que es diferente a salud, que incluye tratamientos estéticos y spas), el de mascotas (que es, sin lugar a dudas, uno de los de mayor crecimiento), etc.

Hay muchos nichos en los cuáles tú puedes explorar y debes tener las herramientas para hacerlo. Para ello necesitas adquirir previamente un conocimiento empresarial práctico, que te lleve de la mano para identificar los productos y los nichos que debes desarrollar de acuerdo a tu pasión, tu visión, tu misión, tu propósito y tus metas.

A mí me encanta poner el siguiente ejemplo porque es muy diciente, voy a citar a uno de los filósofos más importantes de la era moderna. Cuando fue preguntado por el secreto de su éxito, Cristiano Ronaldo, de la escuela filosófica del Real Madrid, dijo algo así como "mi éxito consiste en que yo voy a dónde va a llegar la pelota, me anticipo, no me quedo parado a esperar el balón". Parece sencilla la reflexión de CR7, pero es muy profunda. El éxito se alcanza si llegamos primero a donde van las tendencias del mercado. Si hacemos lo que hoy funciona, a lo mejor no tenemos negocio en 5 años.

Recuerda que <u>el 80 por ciento de los productos que compramos hoy, no existían o eran diferentes hace 5 o 10 años.</u> Solo unos ejemplos: YouTube, Facebook, Twitter, iPod, iPhone, iPad, iTunes, Kindle, Prius, Netflix... por mencionar algunos. Pero lo peor de todo es que en 5 años, el 80 por ciento de los productos serán diferentes. Por eso, si no vemos para dónde va la pelota, tendremos un negocio obsoleto en poco tiempo. Pero si lo sabemos aprovechar es una gran oportunidad porque nunca antes en la historia de la humanidad habíamos tenido un mercado tan cambiante como el que estamos viviendo.

Obtener una productividad rentable es bien sencillo. Asegúrate de ofrecer el mejor producto al menor costo y repite la fórmula el mayor número de veces posible.

Nunca antes había sido tan fácil descubrir el cofre del tesoro.

En las siguientes páginas, te voy a ayudar a encontrarlo.

• ¿De qué crees tú que estaban llenos los cofres del tesoro? Sí, justo eso: monedas de oro, joyas, etc.

• ¿Y de qué crees que está lleno el cofre de tu negocio? ¡Sí! ¡De dinero!

Y ese dinero proviene de algo que llamamos "**flujo de caja**".

El principio para obtenerlo es muy sencillo. El juego es vender tu producto a un precio superior a los costos de producción del mismo, para que quede un margen de utilidades que nos permita tener dinero en el bolsillo.

> **No tienes que abandonar tu trabajo para empezar un nuevo negocio. Incluso, te vendrá bien tener un sueldo fijo en los inicios.**

Ese es el juego, simple, producir el mejor producto al menor costo, sin sacrificar la calidad y repitiendo la fórmula la mayor cantidad de veces posible para generar riqueza. Muchas veces vendemos un producto, pero no hemos visto sus costos y al final del día perdemos dinero. ¡Cuidado! Si el margen es muy bajo o es negativo nuestro negocio se puede quebrar.

Si tú tienes un negocio o prestas un servicio, muchas veces estás feliz, te dejas llevar de la emoción, compras los materiales o dedicas tu tiempo a prestar el servicio… Al final pagas los costos de producción y ¿qué te queda en el bolsillo? Nada.

Tienes que aprender a manejar los márgenes de rentabilidad de un negocio.
Si tu margen es muy pequeño o muy riesgoso, no lo hagas.

Te pongo un ejemplo: si tienes que producir 2000 unidades y venderlas a 100 dólares para llegar a tu punto de equilibrio (es decir, para cubrir tus costos y no perder dinero), el negocio puede ser más complicado que si tienes que vender sólo 100, a los mismos 100 dólares, porque vender 100 cubre tus costos y vendiendo el producto 101 empiezas a ganar dinero.

Pero eso no es todo, ¿qué tan fácil sería vender las 2000 unidades del primer caso o las 100 unidades del segundo? Estas son las consideraciones que debes hacerte.

Si tú analizas, planificas y disminuyes el riesgo,
¡tienes más posibilidades de tener ÉXITO!

Créeme que un negocio no fracasa por planificar, fracasa por no planificar.

Yo quiero que tú logres cumplir tus sueños, que puedas dar el futuro que deseas para tus hijos y tener las cosas que quieres tener. Pero sobre todo, quiero que logres salir de esa carrera de ratas en la que te encuentras. Sé que quieres dejar de probar oportunidades a ver cuál es la que te funciona, a ciegas, sin un plan, sin un objetivo, comprando un curso para ganar dinero sin saber si lo puedes aplicar, comenzando cuánto negocio te ofrecen a ver si alguno revienta, como dicen…

Yo quiero que hoy comiences el plan para tu éxito.

No te estoy diciendo que abandones tu trabajo o que cambies de negocio. Perfectamente puedes empezar un negocio mientras tienes un ingreso fijo y tampoco tienes que cerrar tu negocio, ¡puedes reestructurarlo y convertirlo en un negocio millonario!

Pero nada va a cambiar si tú no haces algo para que ello suceda. Recuerda que los negocios fracasan no porque el dueño no haga nada, sino porque hace las cosas mal.

Yo he cometido errores, pero aprendo de ellos y de los errores de los demás para potenciar mis negocios. Al final, he aplicado los mismos fundamentos que te estoy contando y te aseguro que funcionan. Como decía en las primeras páginas, empecé mi negocio en un cuarto de casa, pero mi propósito es muy grande: MI FAMILIA.

Tuve éxito y hace dos años decidí empezar un nuevo negocio: capacitación empresarial por Internet. Algunos amigos me decían que no era un tema vendedor, que la gente prefería soluciones mágicas para ganar dinero rápido. Pero <u>mi misión no era ni será vender soluciones mágicas; mi misión es crear empresarios.</u>

Lo que hice fue aplicar las mismas claves que te estoy revelando y he tenido éxito. Si con mi negocio de publicaciones alcancé el primer millón en menos de 5 años, en este negocio de Internet será antes, por una razón: la fórmula funciona y cada día aprendo más y refino aún más la misma.

> **Mi misión no ha sido, ni será nunca vender soluciones mágicas a la gente. Mi misión es clara, se trata de CREAR EMPRESARIOS.**

Si te estoy contando mi secreto es porque **quiero que tú también tengas éxito, porque quiero que me acompañes en esta cruzada de tener un millón de millonarios.**

**Haz otra pausa en tu lectura y escribe los 3 negocios que tú consideras que tienen más potencial, 3 negocios a los cuáles les ves más futuro. Ahora vas a recordar las 3 cosas que a ti más te gusta hacer, esas que hasta pagarías por hacer. En otra lista, escribe las 3 cosas que mejor sabes hacer, esas que todos dicen, "tú como eres de bueno para eso, deberías de hacerlo profesionalmente, es algo

natural en ti...", esas cosas en las cuales tú eres sobresaliente.

Después compara tus tres listas, mira qué actividades se repiten y ordénalas de acuerdo a las que más veces aparecen.

Esa actividad o esas actividades son las que tú debes tener en cuenta para desarrollar tu negocio. Para terminar, escribe al frente de las primeras actividades a qué nicho de negocio pertenecen.

Veamos un ejemplo:
Tu pasión es la buena vida, la buena cocina. Te encanta cocinar, la pasas viendo los canales de comida, leyendo recetas, etc. En tu lista de habilidades, cocinar aparece como una de las cosas que mejor haces y en tu lista de negocios con futuro crees que la comida tiene futuro porque cada vez la

> **Mi misión no ha sido, ni será nunca vender soluciones mágicas a la gente. Mi misión es clara, se trata de CREAR EMPRESARIOS.**

gente tiene más tiempo libre, pero dedica menos tiempo a cocinar en casa. Esa actividad, la cocina, puede aparecer primera en tu lista, la vas a clasificar en el mega-nicho ocio. Pero la cocina es un nicho que podrías hacer más pequeño, refinarlo a un tipo de comida, por ejemplo, comida vegetariana o *vegan*. Ese nicho tú lo podrías refinar todavía más y pensar en un micro-nicho de comida vegetariana para personas mayores. Ahí tienes un nicho para explorar y desarrollar un producto físico o digital, si encuentras dentro de ese nicho una necesidad insatisfecha.

*** Vuelve a tu lista y ordena las actividades, coloca al frente el mega-nicho, nicho o micro-nicho al que pertenecen.*

Digamos que tú ya tienes un negocio, vas a hacer exactamente lo mismo, clasifica tu negocio dentro del nicho al que pertenece y analiza si los productos que ofreces satisfacen una necesidad dentro de ese nicho. Si es así, felicitaciones. Ahora hay que aprovechar y producir otros productos relacionados y si no lo estás haciendo, tienes que empezar a pensar en buscar esas posibilidades.

*** Si tienes un negocio o estás pensando en uno, escribe si lo que quieres es vender un mercado hambriento y cuál.*

Antes el modelo era crear un producto y luego buscar un cliente, un mercado para ese producto. Hoy es diferente, **primero buscamos una necesidad insatisfecha y luego creamos un producto.**

Buscamos un nicho específico, nos convertimos en los mejores, en los expertos y servimos a ese nicho dando valor, mucho más valor del esperado. Esa es otra clave de poder, hacer lo que nos gusta, lo que sabemos hacer, en un mercado hambriento en crecimiento, que tiene una necesidad que nosotros podemos satisfacer dando mucho valor, mucho más del precio de nuestro producto, sí, mucho más. Y me preguntarás, "¿cómo puedo dar más del valor de lo que vale mi producto o servicio?"

¿Tú sabes cuál es el negocio número uno en el mundo ahora mismo? Piensa un momento.

Si dijiste Google, estás en los cierto. ¿Cuánto te cobra Google por usar sus servicios?

Nada, ¿verdad? Te da un correo con 7 gigas, calendario, chat, mapas, traductor, etc., ¡todo gratis!

Y YouTube, su empresa hijita, igual, gratis, puedes ver videos sin pagar un peso por ello.

¿Y Facebook?
Gratis.

Las tres empresas de mayor crecimiento (por solo darte tres ejemplos) ofrecen sus servicios principales gratis, están dando valor a sus clientes. Así que, tú que no eres Google y seguramente no puedes dar todo gratis puedes dar mucho más del valor de tu producto a tus clientes y ellos te comprarán con gusto.

Mi negocio de publicaciones está basado en publicaciones gratuitas, mis revistas y mi periódico son gratis y mis ingresos provienen de la publicidad, como Google.

*Ahora vas a anotar en tu cuaderno de notas, 5 ideas para mejorar tu negocio dentro de este concepto. ¿Qué producto o productos puedo desarrollar en mi negocio actual o futuro que pueda darle valor a mis clientes u ofrecerlos en forma gratuita y buscar mi ingreso por otras fuentes?

Te voy a dar una idea que te puede producir mucho dinero y me la vas a agradecer. En inglés se conoce como **"fast cash product"**, un producto que te genere dinero rápido aprovechando tu infraestructura actual con una mínima inversión (tanto en Internet como fuera de él).

Por ejemplo, un quiropráctico quiere aumentar sus ingresos, él o ella tiene sus clientes, tiene su oficina con su infraestructura. El quiropráctico toma un curso corto para aprender a colocar botox y ofrece a sus clientes un servicio adicional, un "fast cash product". ¿Qué ocurre? Una mínima inversión, un nuevo servicio, más clientes más dinero, ¡más flujo de caja!

En un negocio en Internet, una venta de un producto, haces un **"upsell"**, es decir, otra oferta al cliente que acaba de comprar. Un 30 por ciento o más de los clientes dicen que sí. ¿Qué ocurre? Tus ingresos aumentan.

El mejor ejemplo es cada vez que vas a McDonalds a pedir una hamburguesa, te preguntan, "¿quiere agrandar su pedido por 30 centavos adicionales?" ¿Qué dices tú con el hambre que llevas? "Unas papitas más grandes, una soda más grande, ¡y solo 30 centavos!" Ok, ¿qué acaba de hacer McDonalds? Generar millones de dólares con un "fast cash product" a un costo mínimo.

**Al final de este capítulo vuelve a tu cuaderno de notas, ¿qué podrías crear aprovechando tu infraestructura, con un mínimo esfuerzo o inversión, que te genere un ingreso adicional? Escribe todas las ideas que te lleguen a la cabeza.

Ejercicios
Hazte las siguientes preguntas:

1. ¿Cuál es el precio de venta de tu producto o servicio?

_____

2. ¿Cuál es el costo de producirlo o realizarlo?

_____

3. ¿Tiene otros costos escondidos, impuestos, contribuciones?

_____

4. ¿Cuál es tu utilidad neta?

_____

**Descarga un archivo PDF con los ejercicios
para imprimir en:
www.12claves.com/regalo**

CLAVE # 6

Aprende a enamorar a tu cliente

Esta clave es quizás una de las más poderosas.

Si quieres tener un negocio exitoso, aprende a enamorar a tu cliente.

Si crees que la base de tu éxito está en la venta o el dinero puedes tener razón (al fin y al cabo si no vendes, no tienes dinero y sin dinero no hay negocio). Pero la clave de poder más importante es el cliente. El propósito de un negocio es conseguir prospectos, convertir esos prospectos en clientes, hacer que esos clientes nos compren frecuentemente, se conviertan en amigos y luego en evangelizadores de nuestros productos.

<u>Si tienes clientes, tienes ventas. Si tienes ventas, generas un flujo de caja.</u>

Si manejas tus costos y ofreces un producto ganador, vas a generar utilidades. En ese momento tienes un negocio exitoso. <u>En el momento que esa fórmula se repita una y otra vez, tendrás un negocio millonario.</u>

Tu cliente se debe convertir en el propósito de tu negocio.

**Ahora te voy a preguntar cómo es tu cliente ideal, si ya tienes un negocio, ¿cómo es tu cliente ideal? Si estás pensando en montar un negocio, ¿cómo sería tu cliente ideal? Vuelve a hacer una pausa y anota cómo es ese cliente ideal, qué hace, es hombre o mujer, qué edad puede tener, cuántos años, dónde vive…

Una vez que identifiques a tu cliente ideal, escribe qué tienes que hacer para tener más clientes como tu cliente ideal: dónde los busco, cómo hago para atraer a clientes como mi cliente ideal.

Después, brevemente, planifica una estrategia: qué vas a hacer ahora mismo para conseguir otros clientes ideales y cuándo lo vas a hacer.

El activo más importante de tu negocio no es tu lista de prospectos, no es la propiedad, ni el edificio, ni los equipos que tengas... Es tu cliente y cómo cortejarlo se debe convertir en tu tarea más importante.

> **Hay sólo tres formas para aumentar tus ingresos:**
> **1. Consiguiendo nuevos clientes.**
> **2. Vendiéndole más a los clientes existentes.**
> **3. Vendiéndole más frecuentemente a estos clientes que ya te conocen.**

• ¿Cuáles crees tú que son las dos formas que más dinero te pueden dejar?

¡Correcto, vendiendo más y más frecuente a tus clientes actuales!

Conseguir un cliente nuevo es seis veces más costoso que retener a uno. Por eso <u>debes aprender el concepto de convertir un cliente en un promotor tuyo,</u> en un evangelizador de tu producto o servicio.

Este es el círculo de la venta. El público general es el grupo más grande, pero está más alejado de ti. Luego vienen los prospectos, que son los posibles clientes interesados en ti. Siguen los clientes que te compran una sola vez, luego los clientes recurrentes y después los promotores, esos evangelizadores. <u>Tu objetivo es ir convirtiendo a cada uno en el siguiente, hasta lograr que sean tus embajadores, tus propios vendedores.</u>

Para eso debes compartir tu mantra (la misión que vimos en la tercera clave) y comunicarte con ellos a través de boletines electrónicos; que no sean hablando de ti o de tu negocio solamente, sino dando información valiosa, útil para tu cliente o para su negocio. Crea un club de lealtad con descuentos, ofertas especiales, celebra sus cumpleaños, organiza eventos con ellos y premia el tiempo que llevan contigo.

Si tienes un salón de belleza, por ejemplo, pídele la información a tu cliente de sus gustos de lectura y la siguiente vez que vaya a tu negocio, tenle esa revista especial para él o para ella. Regálale un peinado o un corte el día de su cumpleaños. Recomiéndale los productos que debe usar para cuidar el cabello (no para vendérselos, solo para que sepa de ellos).

Si eres un contador y hay cambios en las leyes tributarias, mándales de regalo a tus clientes un resumen detallado de cómo estas leyes pueden beneficiarles o perjudicarles. Conviértete en una fuente útil de información.

> **Conseguir un cliente nuevo es seis veces más costoso que retener a uno. ¡Cuida de los que ya son tus clientes! ¡Enamóralos!**

Si tienes un restaurante, ¿qué te cuesta invitar a un postre gratis a tu cliente en una fecha especial? ¿Qué tal una copa de vino? Sorprende a tu cliente.

Recuerda cuando pensabas salir con tu pareja, seguramente la invitabas o te invitaban, se regalaban flores, chocolates, detalles, tarjetas, cartas… ¿Por qué no haces lo mismo con la persona más importante en tu negocio?

> **Tu cliente es la persona más importante en tu negocio, ¡no lo olvides nunca!**

Enamora a tu cliente para que la experiencia contigo lo convierta en tu mejor promotor.

Pero como en los matrimonios, el tema no es casarse, <u>el tema es mantener viva esa relación: cumplir tu promesa, sobrepasar la expectativa que tiene tu cliente de ti, de tu negocio, de tu servicio o de tu producto y escucharlo.</u>

En las ventas dicen que el que habla pierde. Así que escucha a tu cliente a la hora de venderle, a la hora de las quejas, reclamos y elogios. Agradece siempre sus comentarios, por duros que sean, es la única manera que tienes de mejorar.

> **En el mismo país y en las mismas circunstancias hay personas que triunfan y otras que no. El por qué no está en el destino ni el karma, está en la actitud.**

Esta clave es una clave poderosa y está ligada a las próximas claves donde te contaré cómo puedes lograr que te compren sin tener que vender, cómo crear fuentes de ingreso, cómo te puedes clonar, qué hacer para diferenciarte de los competidores...

El éxito está reservado para las personas que toman acción y perseveran. Si estás cansado de la vida que llevas, no culpes a tu presidente, a tus padres, a tu pareja, al clima, al vecino... Solo hay un culpable y ese eres tú.

No hay excusas. Ni el dinero, ni el tiempo, ni la familia son obstáculos para triunfar. En el mismo país, con el mismo dinero, incluso en la misma familia, hay personas que triunfan y otras que no. Y créeme que no es el destino, el karma, un conjuro, la mala suerte,... es **actitud**, son ganas de hacer que las cosas pasen, es **tomar acción.**

Si tú quieres cambiar, salir de donde estás o mejorar lo que tienes, solo tienes una alternativa: hacer algo diferente a lo que estás haciendo. Y si quieres hacerlo en menos tiempo, tienes que seguir a la gente que ya logró hacerlo y comprar esos años de experiencia.

> **Escucha siempre bien a tu cliente porque es la única forma que tienes de mejorar.**

Por eso, yo siempre quise tener un instituto de negocios para emprendedores que me ayudara, que no me hiciera tan traumático ese arranque del negocio. Siempre quise un instituto como el mío para capacitarme de forma práctica de acuerdo a mi tiempo y mi dinero y ese ha sido mi sueño.

En palabras sencillas, **todos estamos en el negocio de adquisición de clientes.**

<u>Tu principal objetivo debe ser adquirir la mayor cantidad de clientes posible, lo más rápido posible.</u>

Algunos alumnos me han preguntado cuál es la diferencia entre **mercadeo** y venta. Mercadeo es el proceso completo de generación de prospectos, establecer una relación con ellos, el desarrollo nuevos productos, la promoción, la publicidad, el posicionamiento. El propósito del mercadeo es hacer la venta innecesaria, es decir, que si tu campaña de mercadeo es lo suficientemente buena, la gente va a llegar a tu negocio a comprar, te va a llamar o va air a tu página de Internet a buscar tu producto. Piensa en Apple, la gente va a la tienda a comprar y ya en la cabeza tienen que quieren un iPad, un iPod, un iMac… la campaña de mercadeo de Apple es tan buena que el producto se vende solo.

La **venta** es el proceso de convertir prospectos en clientes. Si tienes un negocio en Internet, por ejemplo, tú sabes que 1 de cada X personas que entran a tu página, compra tu producto. Hay empresas que saben de antemano que, por cada 100 prospectos, por ejemplo 4 compran. ¿Te imaginas si en lugar de convertir 4 de cada 100, fueran 5 de cada 100? Los resultados serían excelentes, un incremento del 25 por ciento, un solo punto podría ser determinante en las utilidades de tu negocio.

<u>Tu meta es aumentar el porcentaje de conversión de clientes que tienes en el momento.</u>

Te hago una pregunta, ¿sabes qué porcentaje de conversión tienes? ¿Cuántos de los prospectos que visitas o te visitan, contactas, haces presentaciones o visitan tu página de Internet, se convierten en clientes?

Haz el ejercicio y anota en tu cuaderno de negocios el número de prospectos mensuales contactados y el número que se convierte en cliente pago.

Difícil, ¿verdad? No importa, seguramente en unos días vas a ver los números de tu negocio con más detenimiento. Pero recuerda que un pequeño ajuste, un pequeño incremento en mejorar esa conversión, puede disparar tu negocio. Tu objetivo es aumentar el número de conversión. Hay negocios que de cada 100 prospectos, 80 se convierten en clientes y otros que solo convierten el 4 por ciento, ¿cuánto es tu porcentaje de conversión?

A continuación, para finalizar este capítulo te voy a explicar los siete puntos clave de la venta:

1. Prospectar

Los vendedores más exitosos piensan en prospectar la mayor parte del tiempo. Ellos miran el mundo como si estuviera lleno de prospectos, toda persona que ven la están analizando y preguntándose "¿es esta una persona que puede usar mis productos o servicios?".

La primera regla es: pasa más tiempo con mejores prospectos.

Recuerda que el propósito del mercadeo es hacer la venta necesaria convenciendo a los clientes que nuestro producto o servicio es ideal para ellos. Así, cuando llegan a ti ya son prospectos pre-cualificados. Pero la clave del éxito de tu negocio es pasar más tiempo con gente que está más inclinada a comprar y desde luego, menos tiempo con aquellos que no te van a comprar.

Si analizas tu negocio en términos de especialización, diferenciación, segmentación y concentración, vas a tener una mejor idea sobre los clientes y prospectos en los cuales te debes enfocar la mayor parte del tiempo. Así podrás pasar más y más tiempo con más prospectos que te pueden comprar más y más de tus productos a los cuales puedes prestar más y más servicios en lugar de estar perdiendo el tiempo con otros que nunca te van a comprar.

Ahora vas a anotar en tu cuaderno las actividades que realizas para buscar prospectos o que vas a realizar para conseguirlos. Escribe las diferentes estrategias que vas a usar para encontrarlos. Por ejemplo: comprar listados de clientes, anunciarte, visitar las cámaras de comercio, hacer una lista de los clientes que aparecen en los directorios, hacer una campaña de mercadeo… todas las actividades que te parezcan importantes.

2. Las relaciones

Las relaciones lo son todo. Tú tienes que enfocarte en desarrollar una relación con tu cliente antes que cualquier otra cosa. Recuerda que a ellos no les importa qué tanto sabes tú, hasta que ellos no saben qué tanto les importas tú. Recuerda que tú has sido cliente alguna vez y que la primera pregunta que uno se hace es, "¿qué tanto le importo a esta persona o solo está pensando en venderme?"

Tú necesitas establecer una relación, confianza, credibilidad con cada cliente desde el primer contacto. Recuerda esto: cuanto más le gustes a tu prospecto, cuanta mayor confianza despiertes en él y más credibilidad tengas, <u>cuanta más gente perciba que quieres ayudarla, más abierta estará para comprarte.</u>

La regla es que cuanto más te ganes ese prospecto, hay menos objeciones en la compra. Si la confianza es neutral o no hay confianza, los detalles en la venta se triplican o cuadriplican en cada paso que se dé.

Las empresas que más venden y los vendedores que más venden son aquellos que más confianza generan.

Ahora escribe qué tanto sabes tú de tus clientes, en qué mercados están, que edades, que tipo de negocios, haz una relación para construir el perfil de tu cliente.

3. Identificar necesidades

Incluso antes de empezar a hablar con el cliente de tu producto, lo más importante es que te tomes el tiempo para entender cuál es la necesidad que tiene el cliente. Recuerda, primero hay que entender antes de ser entendido. Cuanto más te enfoques en entenderlo, el cliente más te va a querer y va a confiar en ti. Así que, pregunta e identifica las verdaderas necesidades de los prospectos antes de venderles. Muchos de ellos no saben que tu producto o servicio puede mejorar su vida o su trabajo cuando te conocen. Quizá es por eso que te dicen, "no puedo comprarlo", "no tengo cómo", "ya tengo otro proveedor", o "no estoy en ese mercado"; es una forma de decir "no sé cómo tu producto o tu servicio puede ayudarme". No quiere decir que no sea cierto, es solo la reacción inicial a una presentación de ventas.

Cuanto más preguntes por lo que el cliente necesite, más abierto estará a escucharte y comprarte.

Puedes decirme, "pero yo estoy en el negocio de Internet, eso no aplica para mí"; no importa, el concepto es el mismo.

Tú tienes una página de Internet y has identificado una necesidad de tu prospecto, ¿cuál es la forma de ganarte su confianza, su credibilidad, la forma de construir esa relación? Dándole contenido, información valiosa, respondiendo a sus necesidades, sin venderle nada, interesándote genuinamente en él para que sepa de ti. Puedes hacer encuestas en tu página sobre los temas que le interesan a tu prospecto, identificando sus necesidades y dándole esa información que está necesitando.

En este punto vas a anotar cuáles son las necesidades de tus clientes.

4. Presentación

Es en la presentación donde se efectúa la venta: esa venta sucede si en la presentación se explican las razones por las cuales el prospecto debería comprar tu producto o tu servicio en ese momento.

Te voy a contar un concepto que aprendí de uno de mis mentores, Brian Tracy, sobre la percepción que tiene el cliente de ti cuando tú no estás presente y ese es el factor crítico, es la razón por la cual no te compra o te puede comprar una y otra vez. Hicieron miles de entrevistas a clientes sobre los mejores vendedores y les preguntaron: "Cuándo piensa usted sobre este vendedor, ¿cuáles son las palabras que le vienen a la mente? ¿Cómo se siente con esa persona?". Así encontraron que los mejores vendedores (los más exitosos y mejor pagados) y sus compañías son percibidos bajo estas tres palabras: **amigo, consejero y profesor.**

"Yo veo a ese vendedor más como un amigo o más como un consejero que otra cosa, o como un maestro que me ayuda a tener el mayor valor por el producto o servicio que compro". Teniendo esto en cuenta, <u>tu objetivo en términos de ventas es posicionarte en una de esas tres categorías: amigo, consejero y profesor.</u>

Como <u>amigo</u>, por ejemplo, te debes enfocar más en las necesidades de tu cliente en las de tu compañía, te enfocas más en él como persona que como cliente.

Para posicionarte como <u>consejero</u>, te debes enfocar en solucionar problemas. Tienes que hacer muy buenas preguntas para identificar sus necesidades, saber lo que están haciendo, sus problemas, etc. y luego te concentras en dar un buen consejo. Usarías palabras como, "basado en lo que me dijiste yo te recomendaría", porque los consejeros dan recomendaciones y estas recomendaciones están basadas en la información recibida de los clientes.

Por ejemplo, mis vendedores en sus tarjetas de presentación no ponen "representantes de ventas", el título es "asesores de mercadeo". Es muy diferente la aproximación de un vendedor a la de un asesor o un consejero…y eso es lo que son ellos, consejeros de los clientes.

Como <u>profesor</u>, te debes posicionar en enseñar a los clientes la mejor manera en la que se pueden beneficiar de lo que tú estás vendiendo. Cuando le enseñes a una persona cómo ella puede disfrutar de tu producto o servicio, más grande es el deseo de compra…

¿Cuál es tu estilo de venta o el de tus vendedores? ¿Eres amigo, consultor, maestro o una combinación de los tres? Haz otra pausa y escribe en tu cuaderno cómo te perciben los clientes o cómo

perciben a tu fuerza de ventas tus clientes.

5. Responder a las objeciones

Los mejores vendedores son aquellos que responden a las objeciones de los clientes y resuelven sus preocupaciones de una manera segura y competente. Este es un punto clave para llegar al final de una presentación de ventas.

* Para trabajar este punto, vas a escribir en tu cuaderno las diferentes objeciones que tienen tus clientes, cuál es la razón que tienen ellos para no comprarte: "no tengo dinero en este momento", "tuve una mala experiencia en el pasado", "no quiero dar mi tarjeta de crédito", "tengo que consultar con mi esposo o esposa"… Escribe las diferentes objeciones que recibes de tus clientes y luego anota varias respuestas a cada objeción. Solo si haces este ejercicio puedes estar preparado para responder a tus clientes. Además, así tendrás una idea de qué tienes que hacer o mejorar en tu negocio para lograr más ventas.

Tú puedes doblar tus utilidades doblando el número de prospectos con los que hablas o eliminando el número de objeciones que recibes y la mejor forma de hacerlo es preparando las respuestas a cualquier objeción posible. Desarrolla el hábito de planificar las posibles objeciones con tu equipo de trabajo y verás como tus ventas mejoran dramáticamente.

6. Preguntar por una decisión de compra

Recuerda que nada pasa hasta que no se cierra una venta. Por eso, los mejores vendedores concentran sus esfuerzos en desarrollar la habilidad de cierre. Hay que planear el cierre por anticipado, identificar el lenguaje corporal del cliente y las palabras que usa. Por ejemplo, atento a si dice "¿cómo puedo pagar?" o

"¿cuándo me despachan?"; esas palabras son señales de que el cliente ya tomó una decisión y ese es el momento de buscar una decisión de compra, cerrar el negocio.

Muchas veces logramos hacerle una presentación, resolver las objeciones y... ahí nos quedamos (no vendemos). Recuerda que el cliente, una vez sales de su oficina, raramente se vuelve a acordar de ti.

Muchas veces a nosotros se nos olvida vender.

En los comienzos de mi publicación, yo mismo la repartía en diferentes lugares y por dos años seguidos iba a una tienda mexicana a dejar mi revista en el mostrador. Saludaba a la dueña y al mes volvía y repetía mi rutina. Un día salió otra revista a competir con la mía y (tamaña sorpresa) esta tienda mexicana tenía un aviso de un cuarto de página en la nueva publicación. Dije, "no hay derecho, esta señora sabe que yo llevo dos años llevándole cumplidamente mi revista, me dice que le encanta, que se agota... ¿y sale una nueva y se anuncia en ella?".

Así que fui a llevarle la revista y le dije, "doña Vicky, veo que se está anunciando en otra publicación, yo llevo dos años trayéndole cumplidamente la mía y a ustedes les gusta, ¿me podría decir por qué razón se anunció con los otros y no conmigo?". La señora me miró y me dijo, "yo llevo dos años esperando que usted me ofrezca su revista para comprarle, pero nunca lo ha hecho... los otros me ofrecieron y yo necesito anunciarme". ¿Cómo crees que me sentí? Esa noche no pude dormir, al día siguiente me levanté temprano para salir a venderle y desde ese día la señora es mi cliente.

A nosotros se nos olvida vender y muchas veces damos por hecho que la gente nos conoce o quiere comprar nuestros productos. Por eso, hay que <u>hacer presentaciones y cerrar la venta.</u>

7. La reventa y los referidos.

Cuando ya tienes una venta, puedes hacer otra venta al cliente o pedir un referido. Es más fácil venderle de nuevo a un cliente satisfecho, que a un nuevo cliente y es muchísimo más fácil venderle a un cliente referido que a uno que llamamos en frío o buscamos en el directorio, por ejemplo. Si damos un buen servicio al cliente, este nos dará referidos o él/ella se encargarán de referirnos. Hay muchas compañías que trabajan solo por referidos.

Haz una última pausa en este capítulo anota en tu cuaderno de negocios qué harías, empezando hoy mismo, para trabajar solo con referidos. Imagínate que no puedes hacer publicidad, lo único que puedes hacer es servir a tus clientes actuales de una forma extraordinaria, ¿qué podrías hacer para que tus clientes actuales quedaran tan satisfechos que te comprarán una y otra vez y se encargarán de recomendarte? Recuerda que la clave de un negocio exitoso es tener clientes para toda la vida. Escribe lo que tendrías que hacer para que tus clientes se conviertan en tus mejores promotores, en "evangelistas" de tu producto o servicio.

Ejercicios

Hazte las siguientes preguntas:

1. Escribe 3 campañas de prospección que uses

2. ¿Qué campaña tienes de reactivación de clientes?

_____

3. ¿Qué campaña tienes de mantenimiento de clientes?

_____

4. ¿Califica tu servicio al cliente?

_____

5. ¿Qué vas a hacer para enamorar a tus clientes?

_____

**Descarga un archivo PDF con los ejercicios
para imprimir en:
www.12claves.com/regalo**

CLAVE # 7

Reinventa tu negocio

Esta parte es muy importante porque todos, cuando empezamos un negocio, nos preguntamos qué vamos a hacer y por lo general, terminamos haciendo exactamente los mismos negocios que ya hay. Es decir, empezamos a navegar en mares llenos de tiburones que lo único que quieren es quitarnos el dinero; en lugar de estar navegando en aguas azules, libres de competencia.

> **Busca o lleva tu negocio a otros mercados donde haya poca competencia para poder avanzar libremente hacia tu propio ÉXITO.**

Este concepto lo aprendí en un libro (La Estrategia del Océano Azul de W. Chan Kim y Renee Mauborgne) y me ha servido mucho a mí y a muchísimos de mis alumnos porque si nosotros mismos podemos reinventar (o comenzar) nuestro negocio en aguas azules, podemos salir adelante mucho más fácil.

Aléjate de esas aguas de pirañas porque muchas veces están llenas de competidores y de obstáculos que nos frenan, que no nos dejan adelantar en nuestros negocios. Tenemos que buscar negocios -o llevar tu negocio, si ya lo tienes- a otros mercados donde tengamos poco o nada de competencia para que podamos avanzar libremente, navegar libremente.

Te voy a exponer varios casos de negocios que se reinventaron y que te ayudarán a entender este concepto.

> **Reinventar es tomar un negocio y cambiarle la perspectiva para ofrecer algo distinto a lo que ofrecen los demás.**

Caso Ulta

Ulta ha reinventado el concepto de los salones de belleza y tiene más de 400 franquicias alrededor de los Estados Unidos.

¿Qué es Ulta?
Es una tienda en la que venden artículos de belleza, para el cuidado del cabello, maquillaje, etc. Pero además, tiene salón de belleza y de masajes.

¿Qué hizo esta empresa?
Reinventó el negocio. Ulta no compite con ningún salón de belleza porque tiene otras cosas que ningún salón de belleza tiene. Tampoco compite con tiendas de cosméticos porque tiene otras cosas que estas tiendas no tienen.

Es una sinergia perfecta porque cuando uno va a un corte de pelo, termina comprando un gel o cualquier otro artículo para el cabello. También funciona porque cuando una señora llega buscando maquillaje, termina haciéndose las uñas o cualquier otro tratamiento de belleza.

Caso Circo du Soleil

En los años 80, Guy Laliberté (un artista callejero de Montreal) decidió reinventar el circo, hacer un circo completamente distinto de lo que había.

La gente le decía, "usted está loco". Pero Laliberté se dijo algo así como "¿yo por qué voy a hacer un circo igual a lo que hay, con animales, con payasos, con los espectáculos tradicionales…?

¡Voy a hacer un circo artístico!"

Y este hombre, que lo llamaron loco, hoy es multimillonario porque reinventó el concepto del circo.

Cuando yo era pequeño, tenía ese concepto del circo con animales y tres pistas, a donde íbamos y los payasos nos entretenían. Sin embargo, el concepto que tienen nuestros hijos es diferente, ya son esos shows artísticos y espectaculares como los que tiene el Circo du Soleil.

La entrada al Circo du Soleil es mucho más costosa que en cualquier otro circo. Pero, las funciones están llenas porque una persona decidió cambiar el negocio, darle un giro y reinventar un negocio que ya existía, no hacer el circo tradicional que todo el mundo hace.

Caso de Marlon Becerra

En Colombia, hace unos años tuve la oportunidad de conocer a un dentista innovador que se llama Marlon Becerra. Este señor cambió la experiencia traumática que uno tiene de ir a un consultorio odontológico (donde los aparatos suenan y uno como que se asusta).

Hoy en día, ir al consultorio del señor Becerra es como ir a una cafetería: uno pasa por unos túneles de colores psicodélicos; los doctores en lugar de estar vestidos de blanco están vestidos de colores; uno se puede tomar un café o un jugo o agua… ¡y conversar con la gente!

> **La renovación no es solo para empresas, los profesionales también pueden renovarse.**

A ese sitio van actores, actrices, modelos, te puedes encontrar con una figura del fútbol mundial o con una candidata a un reinado… suelen ir al consultorio personajes importantes. Muchos van a tomar un café, mientras esperan a alguien que está en un tratamiento odontológico. Incluso, uno de estos consultorios se convierte en un bar por la noche.

> <u>Marlon Becerra ha reinventado una industria tradicional como es la odontología.</u>

Muchas personas ni siquiera le han dado ese crédito todavía. Pero otras, como Diego Armando Maradona, viajan a Colombia solamente a que le hagan un diseño de sonrisa donde Marlon Becerra. Allí, le han cambiado la imagen a reinas de belleza e incluso a varias Miss Universo.

Otros Casos

• **Curves** reinventó el concepto de los gimnasios con espacios más personales dirigidos, exclusivamente, a las mujeres. De pronto, las señoras no se sienten incómodas cuando practican deporte porque estos gimnasios son mucho más pequeños e íntimos.

• Otro ejemplo es el de la compañía **Zappos**, que reinventó la forma de comprar zapatos. Uno nunca se había imaginado que podía comprar calzado por Internet, pero Zappos lo hizo.

• El suizo **Marco Tempest** reinventó la magia. Él es un mago tecnológico y sus principales clientes no son los niños

Si comunicas tu proposición única de ventas, lograrás que la gente te compre más cada día.

para la fiesta infantil, sino las grandes compañías que lo contratan para sus eventos.

• También he visto casos de **conferencistas** que han reinventado la conferencia y la han convertido en shows exclusivos para empresas. Por ejemplo, imitan a los llamados Stand-Up Comedy, en los que los comediantes se paran y dan su rutina.

• **Starbucks** reinventó completamente la forma de tomar café. Es cierto que ellos no fueron los primeros –los pequeños cafecitos empezaron en Italia–, pero esta compañía los popularizó.

• En Colombia, por ejemplo, hay un sitio que se llama **Café Oma**, que en realidad es una librería donde uno puede tomar café. Sus dueños reinventaron el negocio. Empezaron con una tienda solamente (una librería en la que se tomaba café) y hoy hay 200 puntos de Oma. Ese concepto está en muchas partes del mundo, donde la gente va a la librería y toma café; pero ellos empezaron al revés, con una cafetería en la que además hay libros.

¡Eso es el concepto de la reinvención de nuestros negocios!

No te metas a un negocio lleno de competencia. No abras ese restaurante igual a los otros restaurantes, ¡agrégale valor!

Si tu negocio en este momento no te está funcionando, ponte a pensar en todos estos ejemplos y reinventa tu negocio. Mira qué puedes hacer diferente y llegarás a la siguiente parte de esta clave poderosa, nuestra **proposición única de ventas.**

¿Qué es la proposición única de ventas?

Nuestra proposición única de ventas es la frase que encierra nuestra unicidad. Escucha bien esa palabra, "**unicidad**". Debemos decir qué hacemos nosotros que sea único, qué podemos hacer nosotros que los demás no hagan.

La proposición única de ventas es muy poderosa porque hace que nuestros clientes nos compren por ser diferentes a los demás. Y eso es lo más importante.

La gente muchas veces llega y dice: "yo voy a comprar a determinado negocio, pero ¿qué tiene este de diferente con la competencia?". Así que tienes que comunicar tu proposición única de ventas para lograr que la gente te compre más.

¿Qué tienes que hacer para crear tú proposición única de ventas?

Pregúntate qué te diferencia a ti de la competencia, qué haces tú único que los demás no hacen y cómo lo podrías resumir en una frase.

Ese concepto único va a ser tu proposición única de ventas y la vas a convertir en tu mantra de mercadeo. Así como en la tercera clave (en la que te pedía que crearas tu misión como un mantra y lo repitieras muchas veces), crea también tu proposición única de ventas y repítela para que la gente sepa que eres único.

Siguiendo con los ejemplos, te voy a mencionar algunos casos muy populares aquí en los Estados Unidos.

• ¿Recuerdas Domino's Pizza? Esta pizzería se hizo famosísima porque tenían una proposición única de ventas que era "30 minutos o la pizza es gratis". Eso diferenciaba a Domino's de todas las demás compañías y, ¿qué pasó? La gente compraba en Domino's porque sabía que tenía una garantía de recibir su pizza en 30 minutos.

• Los famosos M&M que "se derriten en tu boca", en lugar de derretirse en tus manos: poderosísimo. La gente no quería estar con el chocolate pegado en los dedos y esa era la diferencia de M&M.

• También es muy conocido el caso del cartero: con agua, con sol o con nieve, siempre el correo va a llegar a su destino. Lo que diferenciaba a la compañía postal era que no importaba el clima, ahí iban a estar los paquetes, las cartas, etc.

Eso es lo que nosotros tenemos que crear en nuestras empresas.

Mi proposición única de ventas en la empresa de publicaciones es "dando resultados desde comienzos de siglo".

¿Qué estamos diciendo con esto?
Que nosotros somos los que nos diferenciamos porque podemos demostrar resultados a nuestros clientes y tenemos antigüedad. Además, desde comienzos de siglo suena muchísimo (son trece años, pero suena bastante).

Esa es una proposición de ventas que la podemos usar en nuestras campañas de mercadeo.

**Escribe cuál es tu proposición de ventas si la tienes o cuál va a ser la tuya. Anota por lo menos 3 ideas de proposición única de ventas, qué te hace diferente, qué ofreces tú que los demás no ofrecen... ¡Aprovecha y haz la diferencia!

Ejercicios

Hazte las siguientes preguntas:

1. ¿Qué negocios conoces que hayan reinventado la industria?

_____

2. ¿Cómo puedes reinventar tu producto o servicio?

_____

3. ¿Qué haces tú diferente de la competencia?

_____

4. ¿Cuál es tu Proposición Única de Ventas?

_____

Descarga un archivo PDF con los ejercicios para imprimir en: www.12claves.com/regalo

CLAVE # 8

No le vendas a la gente, haz que te compre

Este concepto es supremamente poderoso: no le vendas a la gente, haz que la gente te compre.

Te preguntarás, "pero, ¿cómo tú me dices que al cliente hay que enamorarlo, pero que no le podemos vender?". Para eso existe algo que es clave en los negocios: el mercadeo, el marketing.

El marketing hace la venta innecesaria.

La venta innecesaria… ¿Poderoso, verdad?

Entonces, ¿no es necesario vender? No, es que la gente va a comprar, no es que tú le vayas a vender.

¿Y cómo logras que eso ocurra?

¿Recuerdas la sexta clave en la que nos referíamos al círculo de la venta? Acuérdate del mercado general, los prospectos, los clientes, esos clientes que se vuelvan en clientes recurrentes y después… ¡en seguidores nuestros, fanáticos nuestros!

> **Recuerda el círculo de la venta para convertir al cliente que entra por primera vez en tu negocio, en un predicador de tus productos o servicios.**

Eso es lo que tenemos que hacer: lograr a través del mercadeo, convertir a un extraño en un cliente, a ese cliente en un amigo (que nos compre varias veces) y a ese amigo que nos compra frecuentemente, en un evangelizador de nuestros productos o servicios.

Esto lo aprendí de mi amigo Álvaro Mendoza y me cambió la vida porque este poderoso concepto es el que logra que nosotros podamos tener gente que venda por nosotros.

Pero antes de adentrarnos en este tema, debemos saber qué es el mercadeo (o marketing o mercadotecnia). Según la Real Academia de la Lengua, mercadeo es el conjunto de operaciones por las que ha de pasar una mercancía desde el productor al consumidor. Esa es la definición del diccionario, pero la nueva definición, la que tú debes aprender es esta: **mercadeo es toda acción que realizamos para enamorar a un prospecto** con el fin de convertirlo en cliente para que ese cliente nos compre una y otra vez, se convierta en amigo y evangelizador de nuestro producto o servicio.

Esa es la regla del juego, crear una estrategia para enamorar a un posible cliente para que se convierta en cliente. Para lograrlo **debes realizar un plan de mercadeo**, un plan detallado de cómo vamos a promocionar nuestros productos o servicios, en qué mercados, a qué públicos, cómo vamos a responder a nuestra competencia.

Recuerda que la estrategia depende de con
quién competimos.

No es lo mismo competir contra unos grandes almacenes, que contra la bodeguita del barrio, la estrategia no es la misma. Recuerda que hay una adagio que dice, "yo no puedo elegir a mis enemigos pero si a mis amigos". En negocios, tú puedes elegir a tus enemigos, escoger a tu competidor o simplemente aliarte con él para sacar provecho de una circunstancia.

Tu competencia se levanta en la mañana con tres cosas me-

tidas en la cabeza: sacarte del mercado, quitarte a tus clientes y quitarte tu flujo de caja. Si tú no planificas un plan para estar en la mente del cliente, una estrategia para lograr estar de primero en la lista de decisión de compra del cliente, tu competidor va a hacer realidad sus sueños de sacarte del mercado.

Tú siempre debes ponerte como meta ser el número uno porque el número uno siempre va a tener clientes. El tema no es que seas el número uno o no, el tema es cuánto tiempo vas a necesitar para lograrlo y eso lo debes tener en cuenta siempre, tu equipo de trabajo lo tiene que saber, deben saber que son los número uno y actuar como tal.

En ese plan de mercadeo **debes conocer tu mercado y tu producto para saber cómo lo vas a promover** y no escatimar en nada, pasar a hacerlo. Ese es el propósito de un plan de mercadeo, optimizar tus recursos para conseguir prospectos, ofrecer tu proposición única de ventas, presentar tu oferta y venderle. Desde luego, <u>recuerda también cuidar al cliente y prestarle un buen servicio.</u>

El plan de mercadeo es una herramienta que nos sirve para prever cuál va será el comportamiento comercial de nuestro negocio durante un periodo de tiempo. Es periódico, es decir, habitualmente su tiempo de desarrollo es para un año, pero se deben hacer revisiones trimestrales.

Estos son los principales puntos que debe incluir el plan de mercadeo:
1. Estudio de mercado
   -Sector de la actividad a realizar
   - Entorno socioeconómico de la zona de influencia

- Competencia
- Clientela potencial, segmentación, público objetivo
  (target group)
- Posicionamiento de productos y empresa en el mercado
- Posicionamiento actual
- Posicionamiento que deseamos en un futuro

2. Previsión de ventas (objetivos comerciales que deseamos obtener)

- Volumen de ventas
- Rentabilidad de ese volumen de ventas
- Cuota de mercado a conseguir
- Estacionalidad de las ventas (comportamientos
  de las ventas en el transcurso del año)

3. Comunicación

-Comunicación comercial: publicidad, promociones de ventas, redes comerciales, políticas de ventas, relaciones públicas, Internet, redes sociales, patrocinios, marketing directo, etc.

4. Sistemas de control y seguimiento

- Sistemas de control
- Periodicidad
- Variables de seguimiento
- Seguimientos de resultados económicos y variables de
  satisfacción de clientes

5. Presupuesto a invertir

**Ahora escribe en tu cuaderno qué estás haciendo para promover tu negocio y vas a escribir 3 actividades que vas a realizar para mercadear tu emprendimiento.*

Recuerda que en la sexta clave, también te decía que el cliente es la persona más importante de nuestro negocio. Así pues, crear sistemas para atraerlos es la actividad más importante del negocio.

Hay que cuidar a los clientes, regarlos y nutrirlos para que crezcan.

Esta actividad de crear clientes y mantenerlos se debe convertir en la más importante de todas las actividades de tu empresa. Y aquí viene otro concepto importante, hablábamos de que estos clientes tienen que convertirse en seguidores nuestros, ¿cómo lo logras?

Tú tienes que crear una marca fuerte, una marca de tu empresa.
Tu negocio tiene que diferenciarse, tener esa proposición única de ventas.

Te voy a poner un ejemplo de una situación que me pasó recientemente con mi hija. Ella llevaba al colegio mi cámara fotográfica Canon de 900 dólares y su iPad de 500. Dije "ten cuidado

> **Haz de tu negocio una marca, no importa que sea pequeño, ya crecerá…**

con la cámara que no te la vayan a robar" y su respuesta fue muy diciente: "si un ladrón tiene que escoger entre la cámara y el iPad, se lleva el iPad". Y la razón es solo una, **el precio no era lo importante, lo importante era la marca** y el iPad está mejor posicionado como marca que cualquier cámara Canon, por costosa que sea.

Las marcas son muy poderosas.

La gente compra marcas y muchas veces una marca vale más que el mismo negocio.

Tú mismo puedes ser una marca.

Puedes convertirte en experto en tu área y construir tu propia marca.

¿Por qué hago énfasis en esto? Porque así como Apple lanza el iPad 4 o el iPhone 5 y la gente hace fila para comprarlos, así mismo debería ser tu negocio. ¿No te gustaría tener una fila de clientes dispuestos a comprar tus productos o servicios?

> **Si creas una marca poderosa, ganarás la fidelidad de tus clientes.**

La gente piensa que marca es el logotipo de la compañía y no, eso no es así. El logotipo es una parte muy importante de la marca, pero marca encierra todo, los colores que usas, tus tarjetas de presentación, tu sitio de Internet, los uniformes, todo el "empaque" de negocio… Marca es la forma como la gente reconoce tu producto.

Hay empresas como Kellogg's que incluso han patentado el sonido de las hojuelas de maíz de su famoso Corn Flakes porque son parte de su marca. Otro ejemplo puede ser la botella de Coca-Cola, que está diseñada para que si se rompe, la gente reconozca que se trata de una botella de Coca-Cola. Ustedes dirán, "pero eso no es conmigo, eso es para los negocios grandes".

Recuerda que los negocios grandes fueron negocios pequeños que hicieron las cosas bien.

Cuando empiezas un negocio nunca piensas que tu emprendimiento puede llegar a tener éxito. No obstante, hacer de tu negocio una marca es una de las metas que siempre debes trazarte. Por eso quiero que hagas otro ejercicio: describe la marca de tu negocio, qué quieres transmitir o estás transmitiendo en ella, los colores que usas, su significado, el nombre de tu negocio, ¿tienes un slogan o tienes una proposición única de ventas?

Pero, cuidado, crear una marca no es crear un logotipo. <u>Un logotipo no es la marca.</u>

<u>Marca es todo el conjunto, todo lo que encierra una empresa, incluso un negocio de una sola persona.</u> En muchos casos hay profesionales que son marcas (por ejemplo, la cantante Shakira es una marca).

Tú eres una marca y tu empresa debe ser una marca.

¿Puedes creer que hay personas que se tatúan la marca en sus cuerpos? Llega a tal punto esa fidelidad con la empresa, que la gente daña su cuerpo y se la imprime, única y exclusivamente porque está tan ligada a la empresa que quiere tener ese sentido de pertenencia.

Es tan fuerte que hay personas que hacen filas y filas para comprar un producto que saca una compañía y ¡que ni siquiera conocen!

Hemos visto filas y filas de personas para ver una película, para comprar un libro o para comprar un iPad… ¡y muchas veces ni quiera sabemos cómo va a ser ni si va a funcionar!

<u>Ni siquiera sabemos qué diseño tiene, pero la gente lo compra, ¿por qué?</u>
<u>Se han creado marcas poderosas y eso lo tienes que hacer tú.</u>

No importa si es un negocio pequeño o si estas empezándolo, **tienes que empezar a crear tu propia marca**, a generar tu propia identidad, que la gente la reconozca, que sienta esa pertenencia con tu propia marca. Eso es muy importante en los negocios.

Y después de crear tu proposición única de ventas, de manejar tus sistemas de mercadeo, de crear tu marca… **tienes que escribir un plan**, desarrollar una estrategia y establecer un presupuesto.

<u>Tienes que escoger los medios correctos para informar de tu existencia a tus clientes o prospectos.</u>

Tienes que medir todo. Tienes hacer pruebas para saber si tu plan funciona y <u>si funciona, ¡repítelo, una y otra vez!</u>

Ejercicios

Hazte las siguientes preguntas:

1. ¿Qué piensan tus clientes de tu producto o servicio?

_____

2. ¿Qué tan poderosa es tu marca?

_____

3. ¿Qué pasos vas a dar para construir una marca memorable?

_____

4. ¿Tienes tú una marca personal?

_____

**Descarga un archivo PDF con los ejercicios
para imprimir en:
www.12claves.com/regalo**

CLAVE # 9

Tu caja de herramientas

En tu caja de herramientas, debes tener las herramientas útiles para el desarrollo del negocio.

¿Cuál crees que es la más importante?

El metro

Tienes que medir, medir y medir. Ese es tu objetivo más importante, medir todas las cosas.

Hay un dicho en los negocios que dice que, si algo no se puede medir, no lo debes realizar.

> Recuerda: "si no lo puedes medir, no lo puedes manejar".

Ese debe ser tu mantra administrativo: "si no lo puedo medir, no lo puedo manejar".

Tienes que medir tus ingresos, tus prospectos, tus clientes, tus gastos, tu flujo de caja... Mide las fuentes de donde vienen tus prospectos y tus clientes. Mide las llamadas que recibes, mide los visitantes a tu página en Internet, etc.

¡Mide todo y prueba!

> Si observas que un anuncio te funcionó, mídelo y crea otra versión para comprobar cuál te funciona mejor.

Si pones en un aviso -bien sea en una publicación, en Internet, en Facebook, o en cualquier otro sitio-, mide qué pasa con ese aviso y si te funciona, haz una prueba partida; es decir, crea otra versión y ponla a competir a ver cuál funciona mejor.

Mide siempre porque eso te va puliendo, te va aclarando qué es lo que realmente funciona y dónde debes colocar tu dinero.

Si tú mides tus ingresos todos los días, mides cuántos prospectos tienes, vas a saber cuántos clientes tienes. Si mides cuántos gastos tienes, vas a saber al final del día cuál es tu flujo de caja, cuál es tu utilidad. Si mides de donde vienen tus llamadas, o las visitas a tu página de Internet, vas a saber dónde colocar tu dinero.

> **Si no tienes dinero para pagar a un empleado a tiempo completo, busca tercerizar las tareas.**

La medición es lo más importante en tu negocio, <u>los números no mienten.</u> Eso es importante que tú lo entiendas.

La palanca

La segunda herramienta que debes de tener en tu negocio es el apalancamiento, o la palanca. <u>Tienes que usar la palanca</u> en tu negocio porque te va a facilitar todo.

• ¿Cuál es esa palanca que debes usar? **¡Los empleados!**

Tú puedes empezar solo; pero si no tienes gente que te ayude, no vas a poder sacar tu negocio adelante.

<u>Tu palanca más importante en el negocio es tener buenos empleados.</u>

• Si no los tienes, puedes **"tercerizar".**
Muchas veces el negocio es pequeño, pero no puedes hacerlo

> **Para que tu negocio crezca con una mayor inversión, no necesariamente tienes que pedir dinero a un banco: busca otras formas, como, por ejemplo, el *crowfunding*.**

todo y no tienes el dinero para pagar a un empleado a tiempo completo. En estos casos, busca a terceros (por eso lo de "tercerizar", que en inglés lo llaman "outsourcing"), es decir, a personas que realizan el trabajo fuera de la empresa.

Busca gente que te eche una mano porque eso te ayuda a apalancarte, te ayuda a crecer.

• La tercera fuente de apalancamiento es el **financiamiento**.

Si tú tienes más dinero, desde luego, puedes llegar más lejos, puedes hacer más inversiones, ¡puedes crecer tu negocio! Y cuando quieres que tu negocio crezca, no necesariamente tienes que pedir dinero al banco. Por ejemplo, puedes recurrir al *crowdfunding*, donde es la gente de a pie la que financia los proyectos, ideas, etc.

• Uno de los temas más importantes son las **alianzas estratégicas**.

Muchas veces, la gente no ve esas alianzas, por eso quería mencionarlas como una herramienta importante dentro de esta clave.

Si tú tienes un <u>taller de mecánica</u>, por ejemplo, tu aliado estratégico puede ser el que vende las llantas,

> **Recuerda que si llegas a un acuerdo con un aliado estratégico, los dos se pueden beneficiar y, gracias a ello, tu negocio crecerá más fácilmente.**

las gomas, los neumáticos…

¿Por qué?

Porque cada vez que te llevan un auto, seguramente tenga ruedas, llantas, gomas y puedes hacer un negocio combinado con el de la llantera (yo te refiero clientes, tú me refieres clientes…). Pueden hacer algo combinado como el cambio de aceite por cada par de llantas que la gente compre.

Si tú haces esa alianza estratégica, los dos se van a beneficiar y crecerás.

Este ejemplo es sencillo, pero también los hay más sofisticados como el de un banco, que puede hacer una alianza con un restaurante. O el de una persona que vende bienes raíces, que su mejor aliado estratégico puede ser la gente que hace mudanza, los "trasteos" que llamamos en algunos países.

¿Qué ocurre cuando tú compras una casa? Lo más seguro es que necesitas una mudanza.

Así que puedes hacer una alianza estratégica, donde le puedes referir clientes. O mejor aún, le puedes ofrecer al cliente que le regalas la mudanza, si te compra la casa.

Esa alianza estratégica es un gana-gana para los dos, para las dos empresas, y te puede ayudar a potencializar clientes.

Yo he visto alianzas estratégicas, por ejemplo, de empresas como una tienda de videos con una heladería (donde la tienda de videos ofrecía un helado gratis a sus clientes).

¿Qué pasaba con la heladería?

Le estaban llegando clientes nuevos.

¿Qué pasaba con la tienda de videos?

Estaba fidelizando a sus clientes.

<u>Así que si tienes un negocio, ¡busca tu aliado!</u>

Por ejemplo, si eres un <u>agente de seguros</u> y tienes seguros para casa, ¿quién es tu aliado estratégico? La persona que vende casas.

Si tienes tu empresa de seguros y tienes seguros para autos, tu aliado estratégico puede ser un taller mecánico. Puedes hacer una alianza estratégica con ellos, que ambos regalen cosas, que ambos se refieran, que ambos ganen o tengan descuentos.

• La otra forma de apalancamiento es la **tecnología.**

La tecnología la tienes que usar para crecer -bien sea Internet, los Webinar, las redes sociales, o el *software* para tu compañía.

<u>La tecnología es importantísima para crecer, para apalancarte</u> porque a través de Internet puedes vender, a través de Webinars puedes vender, puedes dar capacitación, a través de redes sociales puedes llegar a tus clientes,…

<u>La tecnología nos libera el tiempo y nos ayuda a aumentar las ventas.</u> Te permite estar en contacto con los clientes, con los prospectos y con tus empleados.

¿Qué sería de las empresas si no tuviéramos la tecnología de hoy en día, con la que podemos tener negocios en cualquier parte del mundo y estar comunicados, vernos con las personas, hablar con ellas...?

¡Te tengo una buena noticia!

Nunca antes había sido tan fácil empezar o mejorar un negocio.

A pesar de la situación económica de cualquiera de los países en los que estés en este momento (de tu país, de tu ciudad, etc.), nunca ha sido tan fácil, crecer un negocio.

¿Por qué?

-Porque tenemos al alcance (a precios muy razonables) la tecnología.

-Porque podemos tener clientes en cualquier parte del mundo gracias a la tecnología.

-Porque podemos tener empresas en cualquier parte del mundo gracias a la tecnología.

Así que, estas son las **herramientas de tu negocio**: las mediciones que nos permiten mejorar nuestros negocios, los empleados, el *outsourcing*, el financiamiento, las alianzas estratégicas y la tecnología que nos permite crecer.

¡Esto es lo que hace que nuestros negocios sean mejores!

En este momento puedes empezar o mejorar un negocio porque tienes la tecnología a tu alcance.

Pero hay un problema, tu competidor tiene <u>exactamente las mismas ventajas que tú</u>. Por eso tú <u>tienes que capacitarte</u>, tienes que aprender, conocer nuevas estrategias y estudiar casos de éxito para conocer cosas que puedes aplicar en tu negocio, antes de que lo hagan los demás; para que puedas navegar en aguas azules y no turbulentas.

Recuerda que debes actualizarte, debes estudiar.

Ejercicios
Hazte las siguientes preguntas:
1. ¿Cuánto vendiste el mes pasado?

_____

2. ¿Cuántos clientes mensuales tienes?

_____

3. ¿Cuál es el valor de tu cliente?

_____

4. ¿Qué puedes tercerizar en tu negocio?

_____

5. ¿Qué promociones cruzadas puedes hacer con otros negocios?

_____

Descarga un archivo PDF con los ejercicios
para imprimir en:
www.12claves.com/regalo

CLAVE # 10

Debes crear un sistema

Tienes que crear un sistema para poder salir adelante.

¿Por qué?

Los negocios son un conjunto de sistemas que se integran para funcionar y **si tú logras identificarlos y documentarlos, vas a tener un buen negocio.**

> **La gente se aburre de estar encerrada en su propio negocio, sin poder siquiera tomarse unas vacaciones, y cuando finalmente se rinden, el negocio fracasa.**

Esta es la causa por la cual mucha gente fracasa: la gente comienza sus negocios y se aburre de estar metida en el negocio. Se aburre de estar consumida en el salón de belleza, trabajando horas y horas ahí de pie, sin poder tomar si quiera un día de vacaciones. Lo mismo en el taller mecánico, con sol, con lluvia, con frío o lo que sea. Igual con la carnicería, todo el tiempo ahí, o con el dentista que no puede salir de vacaciones porque él es el negocio,…

Sin un sistema, lo que hemos creado es un buen empleo; excelentes empleos muchas veces, pero no nos podemos desligar de nuestros negocios.

La única forma en la que tú puedes hacer que tu negocio trabaje para ti, es creando sistemas, si tú creas un sistema poderoso.

Hace unos años, empecé a pensar en esto y me cambió la vida.

Era el año 2002 y en ese momento, teníamos unos 3 o 4 empleados. Mis hijos estaban aún pequeños y me puse a pensar, "¿qué pasaría si yo falto? ¿Qué pasa con mi esposa acá en este país, con mis hijos que están pequeños? Si yo soy la empresa, si yo soy el que sé cómo se hacen las cosas…". Y eso fue muy duro para mí.

> **Confía en otras personas para revelarles los secretos de cómo funciona tu negocio. Así podrás liberarte y no todo dependerá, únicamente, de ti.**

Y ahí comenzó un cambio radical.

Yo lo llamé, "el próximo paso". Incluso, le hice un logotipo y le creé toda una imagen al "próximo paso", que era lo que yo tenía que hacer para llevar a mi compañía a un próximo paso.

Recuerda que la única forma de hacer que tu negocio trabaje para ti, es creando un sistema. **Si tú llegas a faltar por cualquier razón, ¿quién va a manejar tu negocio si el negocio depende de ti?**

Esto va especialmente dirigido a los pequeños negocios y a las personas que los están empezando:
• ¿Tú tienes documentada la operación de tu negocio?
• ¿Alguien más sabe cómo opera tu negocio?

Incluso las claves que usas para entrar a Internet o cómo haces tu trabajo, ¡documéntalo todo!

Nunca dependas de una sola persona.

No puedes crear el negocio dependiendo de una persona y menos si esa persona eres tú. Tú tienes que saber cómo se manejan las cosas; pero más personas tienen que saberlo (esas son las personas en las cuales tú confías).

Para poder hacer esto tienes que crear procedimientos.

Te voy a dar un ejemplo:

• *¿Qué pasaría con el panadero que hace un pan delicioso y que tiene una fórmula para hacerlo así, pero que nadie más conoce? ¿Crees que esa persona tiene un negocio?*

Sí, él tiene una panadería exitosa. ¡Pero nadie más conoce su fórmula para hacer el pan!

Ni siquiera tiene un negocio porque el día en que él desaparezca, desaparecerá la panadería.

Ya he visto a más de un negocio desaparecer porque dependía, solamente, de la calidad y el trabajo de la persona que lo llevaba.

Aún peor, este panadero tampoco tiene un empleo porque ni siquiera lo podría heredar.

Si el dueño de una panadería exitosa, es el único que conoce la receta de su producto estrella, tiene un riesgo de fracasar porque todo depende de él.

Eso es muy importante que lo pienses desde el momento en que quieras empezar un negocio o mejorarlo: tú no puedes ser esclavo de tu negocio.

Esa es la razón por la cual muchísimas empresas cierran, porque la gente se cansa. Ese panadero está cansado de levantarse temprano, llegar a las cuatro de la mañana para tener el pan listo y despachar.

¿Por qué? Porque nadie más lo sabe hacer.

> **Los hermanos McDonald establecieron un sistema basado en la cadena de producción que funciona y se repite exitosamente por todo el mundo.**

El secreto de la panadería es el que lo puede llevar a la ruina, al fracaso, el día en que se diga "ya no más, ya estoy cansado". O lo puede llevar al éxito, el día en que se diga "ok, voy a cambiar esto, ya no voy a ser un panadero, voy a ser el dueño de mi negocio, voy a tener una panadería que trabaje para mí, yo no voy a estar trabajando para ella".

Te voy a contar otro ejemplo:
• La historia de un señor que se llama Ray Kroc.

Quizás lo conozcas, lo habrás oído mencionar… Pero estoy seguro de que has oído hablar de McDonald's.

En el año 1954, Ray Kroc se dedicaba a vender máquinas para los restaurantes. Un día de trabajo, se detuvo en la hamburguesería de los hermanos Maurice y Richard McDonald.

En la hamburguesería había unos jovencitos trabajando (era gente muy joven de la universidad), que pasaban los platos y servían las hamburguesas y todo se hacía a un ritmo perfecto. Entonces, Ray Kroc quedó sorprendido: "¡esta gente tiene un sistema!", se dijo.

Los hermanos Maurice y Richard McDonald se había do en una cadena de producción, como la que había inventado Henry Ford. Y eso fue lo que abrió los ojos a Ray Kroc, que entró a trabajar como socio de la compañía y más adelante se quedaría con ella.

Compró la hamburguesería y le dijo a los McDonald que eso había que replicarlo, "esto tenemos que convertirlo en una franquicia", y empezó a repetir la operación.

¿Qué es hoy McDonald's? Es un vendedor de franquicias.

Gana más que vendiendo hamburguesas porque es un vendedor de franquicias y a través de estas ha crecido aún más. Ahora también tiene bienes raíces, juguetes... ¡Es uno de los vendedores de juguetes más grandes del mundo!

Hay McDonald's en todas partes y siempre se tiene la misma sensación con prácticamente la misma hamburguesa. A veces hay variaciones, de acuerdo a la parte cultural en algunos países, pero básicamente es la misma hamburguesa, la misma sensación.

Sea como sea tu negocio, es importante organizarlo todo como si se tratara de una franquicia que se va a repetir.

Lo que hizo Ray Kroc fue tomar ese sistema y replicarlo (eso lo vamos a ver en la siguiente clave). Pero esa es la parte más importante: <u>tu negocio tiene que funcionar como si fuera una franquicia.</u>

No importa si lo vas a franquiciar o no, pero tu negocio tiene

que funcionar como si fuera una empresa que se pueda dupli-
car. Es igual si tienes un negocio pequeño de un solo empleado,
o si tienes una empresa grandísima y la quieres llevar a un nivel
mucho más alto, o si quieres tener negocios en todas partes del
país o en el mundo, etc. Es igual si, simplemente, quieres tener
tu empresa y no te interesa crecer más porque tu visión era esa
(y eso es perfectamente válido).

Define qué es lo que hace cada persona en tu negocio a través de un organigrama y un manual de funciones.

Si tu visión es "yo quiero tener una empresa que crezca hasta acá y que llegue hasta acá", eso es válido. Pero tienes que organizarlo todo para no estar trabajando en la empresa, sino para que esa empresa pueda trabajar para ti en "piloto automático".

¿Y qué tienes que hacer para eso?

Necesitas manual de procedimientos, es decir, documentar
todo lo que tienes que hacer. Por ejemplo, el panadero debe
documentar cómo se hace el pan, cómo son los ingredientes,
cuál es la receta, etc. y ponerlo en un manual.

Aquí te tengo otro ejemplo muy gráfico:
• Un día fui a una cafetería en un aeropuerto y observé que la
señorita que atendía era nueva y estaba haciendo un sándwich
(o un emparedado) con un manual. Tenía unos gráficos y ahí ve-
nía el pan, la lechuga… Iba pasando las páginas y siguiendo las
instrucciones: ponga el pan, ponga la lechuga, corte las cebollas…
hasta que quedaba armado el sándwich. Al final, el resultado era
exactamente igual que si llevara una semana, un mes, un año o
¡incluso diez años! El emparedado era exactamente igual.

Si tú documentas todos los procesos, la gente va a tener exactamente el mismo producto.

Establece, tu organigrama.

Cuando yo empecé, hicimos un organigrama y era muy particular porque en todas partes aparecíamos mi esposa y yo (sí, solo éramos los dos). Pero cuando tuvimos a nuestro primer empleado, supimos dónde ponerlo.

Si uno tiene un manual de funciones -en el que se define qué hace cada persona en el negocio-, todo es mucho más fácil porque entonces no hay dos personas haciendo la misma actividad. Igual si trabajas con un tercero (outsourcing), ¿qué pasa con él? También él tiene que entrar en ese organigrama.

Además, si haces un entrenamiento, grábalo. Así la próxima vez que llegue alguien, ya tienes el entrenamiento grabado y no lo tienes que repetir.

Funciona igual para una empresa física que para una *on-line*; ya sea de servicios o de productos. Es exactamente igual, desde cómo se contesta el teléfono hasta la última clave que utilizas para entrar a Internet. Todo lo debes documentar y darle, desde luego, todo el acceso a las personas que tienen que hacerlo.

> **Organiza todo en tu negocio, como si te fueras por un mes de vacaciones y nadie te pudiera contactar, ¡pero todo debe seguir funcionando!**

Desde un abogado a un carnicero o un panadero... Todo

139

debe estar documentado porque es la única forma que tienes de hacer crecer tu negocio.

Piensa que te tienes que ir de vacaciones…

No te voy a poner en una situación más dura en la que tuviste un accidente, te mandaron para el hospital, duraste un mes en cama inconsciente, perdiste la memoria y no pudieron saber nada más de ti.

Te lo voy poner fácil: te fuiste para una isla donde no hay cobertura para el teléfono ni Internet.

Te fuiste de vacaciones, te ganaste un viaje, ¡te mandaron a la isla!

Te dicen "mire, le mandamos a la isla paradisiaca en Bali, con todos los gastos pagados en un hotel de cinco estrellas". Lo único que va a pasar es que estarás un mes allá sin teléfono ni nada. ¿Qué dices? "No me puedo ir porque es que a ver quién maneja mi negocio."

Piensa eso todos los días, piensa qué pasaría si eso llegara a ocurrir.

Simplemente, tienes que documentar absolutamente todo. Lo dejas todo bien organizado y piensas que te vas para Bali un mes, nadie más va a saber de ti y tu negocio tiene que seguir operando.

El día que yo me fui de vacaciones y durante 16 días ni siquiera llamé a la oficina, ese día dije, "yo tengo una empresa". Llamé el día 16 porque, sinceramente, me daba vergüenza estar dos semanas fuera y ni siquiera haber pegado una llamada.

Eso es lo que tú tienes que hacer: piensa que te fuiste de vacaciones, que tu empresa tiene que seguir operando y que alguien tiene que saber cómo se hacen las cosas, dónde se ponen los archivos, dónde se consiguen los clientes, qué hay que hacer con ellos, cómo despachar los pedidos, cómo consignar los ingresos, cómo hacer los pagos... Si tú tienes todo eso organizado, tienes un negocio, así sea un negocio de una sola persona.

Si tú te apalancas de alguien, puedes crecer y si tú creas un sistema, puedes salir de tu negocio.

Si el dentista crea un sistema, para que la sensación que tiene el paciente con uno u otro dentista sea exactamente igual, él puede ser el dueño del negocio; no el operario. Suena duro decir "señor dentista, usted no es el dueño de un negocio, es empleado de usted mismo y tiene un jefe terrible porque ni siquiera lo deja salir de vacaciones".

Tienes que pensar, como si fueras McDonald's, que tu negocio se pueda replicar en cualquier parte del mundo.

Piensa, por ejemplo, cómo funciona un hotel.

• *En una cadena, el hotel es exactamente el mismo en cualquier parte del mundo y uno vive la misma experiencia en cualquiera de ellos. ¿Por qué? Porque tienen una cosa elemental que se llama una lista de chequeo, donde dicen, paso a paso, qué tiene que hacer desde el gerente hasta la persona que tiende la cama.*

La persona que tiende la cama llega a su lista de chequeo y lee "tender la cama, colocar una chocolatina encima de la almohada, prender las luces a las siete de la tarde para que el huésped las encuentre encendidas, cambiar las sábanas, cambiar las toallas…". Va haciendo una marquita en cada uno de los puntos y la entrega.

Si cualquier huésped se queja porque no tenía su chocolatina, el gerente del hotel o la persona encargada, llega, mira y dice, "esta persona que hizo la cama dijo que la había puesto y tiene que responder". ¡Algo tan sencillo como una lista de chequeo!

Cualquier persona puede operar, si tiene los pasos indicados para hacer las cosas. Muchas veces no se nos ocurre y es tan sencillo como cuáles son las claves del correo. Imagina que perdiste la memoria, ¿quién va a saber cómo encontrar las cosas y entrar a tu correo, si ni siquiera tiene las claves?

Piensa en esto y hazlo por tu familia, por tu bienestar. Piénsalo por el bien de los tuyos.

Piensa que el camino al éxito está en tus manos y está asegurado si lo quieres lograr.

Solo tienes que tomar las decisiones correctas, aprender y poner en práctica todas las cosas que hemos visto con los ejemplos anteriores. <u>Tienes que capacitarte para ser un emprendedor exitoso.</u>

En la medida que tengamos más emprendedores exitosos, nuestros países van a ser mejores.

Ejercicios

Haz las siguientes actividades:

1. Elabora el organigrama de tu empresa, así seas tú el único empleado.

2. Escribe las funciones de cada cargo y a quién reporta

3. Escribe o grafica cada proceso de tu negocio, cómo se hace cada actividad.

De principio a fin, que un niño de 10 años lo entienda.

4. Escribe todas las claves de acceso que usas, llaves, especificaciones especiales secretos comerciales, o material "sensible" y designa un sitio o persona que pueda tener acceso en caso de una emergencia.

**Descarga un archivo PDF con los ejercicios
para imprimir en:
www.12claves.com/regalo**

CLAVE # 11

Aprende a clonarte

La felicidad no está medida en la cantidad de dinero que tienes en el bolsillo, ni en el carro o la casa en la que vives. Sin embargo, <u>tu negocio puede ser ese camino para lograr tu felicidad,</u> para tener prosperidad.

Lo importante en los negocios no es tener dinero, sino saber qué hacer con él. El día que lo descubres, seguramente empezarás a usarlo para lograr dar verdadera felicidad a las personas que te importan en la vida.

> **El día que descubras qué hacer con el dinero, empezarás a dar verdadera felicidad a las personas que te rodean.**

Yo sé que estás leyendo estas páginas porque quieres una vida diferente. Quizás estés pensando en comenzar un negocio o ya tienes uno que está pasando por tiempos difíciles y lo quieres mejorar. Puede que ya hayas alcanzado tus metas y quieras llevar tu negocio a otro nivel y convertirlo en un negocio EXITOSO.

Tú puedes ser un profesional, un vendedor, un agente de seguros o de bienes inmuebles, un ama de casa que quiere tener un ingreso extra o una persona que genera su dinero con negocios de multinivel… Puedes tener un restaurante, una panadería o un negocio de calle…

Todos usan los mismos principios de negocio, todos tenemos los mismos problemas y desde luego las mismas soluciones.

No creas que porque tu negocio sea más pequeño o más grande es diferente. Todos tenemos las mismas angustias, las mismas necesidades y la única manera de solucionarlas es sabiendo cómo hacerlo.

Si no aprendemos, ni estudiamos, ni analizamos casos de éxito y fracaso, no podemos aplicar esos conocimientos a nuestros emprendimientos y por supuesto, uno se expone a sufrir el dolor, la angustia y el fracaso. No hay excusa, el cambio está en nuestras manos.

> Tu misión es alejarte del riesgo y acercarte a la seguridad de un negocio que te ayude a alcanzar tus sueños.

Es nuestra misión alejarnos del dolor, del riesgo de afectar a nuestras familias. Debemos acercarnos a la seguridad de tener un negocio que nos ayude a alcanzar nuestros sueños, esas metas para tu familia, para tu comunidad y para ti.

El poder de la duplicación

Aprender a clonarse es uno de los conceptos más importantes en un negocio. Si después de sistematizar (de organizar todos los procesos de tu negocio), logras crear un prototipo exitoso que te da resultados económicos significativos, el siguiente paso es duplicarlo. Tienes que clonar el prototipo exitoso las veces que sean necesarias. Ese es el mayor principio de riqueza: haz más de algo que está funcionando.

> Si tienes un negocio exitoso en un vecindario, repítelo en otro sitio similar. Aprovecharás los descuentos por volumen y tu negocio será más rentable.

Es muy sencillo: si tu negocio es exitoso en tu vecindario, puedes abrirlo en otro lugar y, seguramente, también ahí será exitoso, sobre todo, si esa expansión forma parte de tu visión empresarial. Si replicas el prototipo y aprovechas los descuentos por volumen, tu negocio te va a dejar mayor utilidad, la clave es el apalancamiento.

Aprovecha tus recursos para crear otros negocios con unos costos menores al inicial; bien sea franquiciando tu negocio para que otras personas dupliquen esa experiencia o que tú mismo crees esa cadena de restaurantes, tiendas, clínicas de odontología, productos por Internet, etc. El concepto de las franquicias no significa solamente "crear otros negocios iguales", es <u>crear un sistema</u>; bien sea para abrir otro negocio o para crear otro producto y usar ese mismo sistema para vender más.

• **El agente 007, la película de James Bond, es una franquicia:** es un producto que funciona y se ha ido replicando en varias películas por más de 50 años. Se creó un sistema que se replica constantemente y genera ventas millonarias.

Si tú tienes un producto al cual le has creado un sistema, usa el sistema para ver más productos relacionados. Crea un acueducto por donde va a pasar el dinero constante a tu bolsillo.
<u>La duplicación es la mejor manera de distribuir valor al mayor número de personas.</u>

McDonald's es un sistema replicado, que funciona y la gente prefiere comprar en un negocio que funciona, antes que experimentar en uno propio. Así que si tu negocio funciona, piensa en McDonald's o en sistemas como Herbalife y Avon, que usan el apalancamiento para duplicarse y multiplicar la riqueza.

149

Si estás pensando, "pero mi negocio es muy pequeño...", **recuerda que los negocios grandes fueron negocios pequeños que hicieron las cosas bien y el tuyo no es la excepción.** Hacer las cosas bien no es más que aprender las estrategias que han usado otras personas en otros negocios.

¿Cuántas franquicias de hoy en día no surgieron de negocios pequeños?

Muchas franquicias surgieron de negocios que nacieron en el garaje, en la cocina... Tú puedes organizar tu negocio, cualquiera que sea, sistematizándolo para que sea replicable, las veces que quieras y, desde luego, así mismo se multiplicará tu riqueza.

Si eres un contador, un dentista, un abogado... ¡el concepto es el mismo! Es como crear la fórmula y dársela a otras personas para que la desarrollen igual, o tú mismo desarrollarla en otros sitios o con otros productos.

> Los científicos están buscando los métodos de clonación; los emprendedores ya los encontramos y lo que tenemos que hacer es aplicarlos.

A estas alturas, yo sé que te he sembrado una idea: sabes que la mejor manera de sacar adelante tus sueños es a través de tu propio emprendimiento y que la única forma que tienes de lograr el éxito, es buscándolo de la mano del conocimiento.

Nada va a cambiar en tu vida si no tomas acción, si no decides hacer algo que no estás haciendo o dejar de algo que estás haciendo mal. Sin excusas, sin postergar las decisiones.

Tu futuro lo construyes hoy (no mañana) y la única persona que puede hacer ese cambio eres tú. No es tu vecino, ni tu presidente, ni tu abuelita, eres TÚ.

Tú eres el dueño de tu destino y la mejor manera de conducir tu vida por ese sendero del éxito es gracias a tu propio negocio.

> **RECUERDA:**
> **Nada va a cambiar hasta que tu mente no cambie.**

Ejercicios

Hazte las siguientes preguntas:

1. ¿Puedes replicar tu negocio en otra área, ciudad o país?

_____

2. ¿Qué tan poderosa es tu marca?

_____

3. ¿Qué pasos vas a dar para construir una marca memorable?

_____

4. ¿Tienes tú una marca personal?

_____

Descarga un archivo PDF con los ejercicios
para imprimir en:
www.12claves.com/regalo

CLAVE # 12

El dinero está en tu mente

Tu mente es tu mejor aliado, pero puede ser tu mayor obstáculo. Aprender a manejar esa mentalidad de prosperidad debe ser tu prioridad, nada va a cambiar hasta que no te mentalices de que **puedes hacerlo**, de que **lo puedes lograr**, de que **solo tú tienes el control de tu destino,** de que **eres tú el que puede escoger entre la riqueza y la pobreza...**

Tú puedes tomar acción hoy para cambiar tu vida o seguir postergando indefinidamente tu éxito.

Dicen que la vida es como un buffet lleno de platos deliciosos que están esperando por ti y donde solo hay que hacer dos cosas para alcanzarlos: una, ponerse en la fila y dos, no salirse de la fila.

El emprendedor que toma acción y persevera es el que triunfa...

Recuerda que algunas personas sueñan con grandes logros, pero otros se quedan despiertos y actúan...

Ojalá que tú seas alguno de ellos.

Los cambios hoy en día pasan más rápido que antes y esos cambios nos afectan a nosotros de alguna manera. A veces nos descontrolan, desbalancean, estresan o causan una gran cantidad de ansiedad. En especial, en algunas áreas como la obsolescencia, puede que estemos en el negocio por 3 o 5 años con nuestro producto o servicio, pero los cambios pueden hacer que estos productos o servicios desaparezcan.

Nada cambia en tu negocio si no tomas acción. Ni siquiera se mueve una hoja, hasta que tú no tomas acción.

¿Recuerdas la máquina de escribir? Te tocó hacer una carta con ella. ¿Recuerdas el *walkman* de Sony?, ¿el teléfono de disco? Hablando de discos, ¿te acuerdas de los de acetato que desaparecieron y ahora han regresado como artículos de lujo?, ¿el betamax que lo mató el VHS?, ¿el VHS que lo mató el CD?, ¿los casetes de audio?... y tantas otras cosas que ya ni nos acordamos de ellas y apenas hace 5 años las estábamos usando.

El 80 por ciento de los productos y servicios que tenemos hoy en día son nuevos o diferentes a los que teníamos hace 5 años. Así que, cualquier producto podría ser completamente obsoleto y si tú estás produciéndolo tendrías que estar ya sacando al mercado un nuevo modelo porque tu competencia sí lo está haciendo y te puede dejar fuera del negocio.

¿Cuántas veces no hemos visto esta situación? Una compañía sólida con un producto y de repente, viene otra empresa con un nuevo producto que lo cambia todo y deja fuera del mercado a los demás. Lo hemos visto en los teléfonos, en los televisores, las cámaras de fotografía, los equipos de sonido, en programas de computador y desde luego, en la misma información.

La preocupación número uno de la gente cuando compra un equipo de tecnología es si al salir del almacén, este ya se quedará obsoleto. Así que, cuando tu produces algo o eres responsable por algún producto o servicios, siempre tienes que preguntarte: "¿cuál es mi siguiente producto, mi siguiente servicio, ¿qué voy a traer al mercado que va a ser nuevo, mejor, diferente, superior, extraordinario?, ¿qué va a traer más beneficios para nuestros clientes actuales?" porque si tu no piensas en ello, otra persona lo va a hacer y ese día tu estarás fuera del negocio.

La segunda parte de la obsolescencia es referente al conocimiento y las habilidades. Si tú crees que ya saliste de tu educación básica o hiciste una carrera y con eso tienes suficiente, estás equivocado. A veces piensas, ya leí un libro o escuché un audio, tomé un curso como este y con eso tengo, no: hoy en día <u>tu conocimiento queda obsoleto en un 20 o 30 por ciento cada año</u> y la razón es porque el conocimiento se está doblando cada uno o dos años. Cada día hay más información, incluso los cambios de tecnología hacen que tengamos que actualizarnos hasta para aprender a manejar el siguiente modelo del equipo que usamos.

En las mismas profesiones, a cada cambio, a cada aparición de nuevas tecnologías, productos, medicinas, servicios... le siguen los cambios de conocimiento para aprender a usar los adelantos. El conocimiento previo va a ir volviéndose obsoleto; solo el conocimiento, la experiencia es diferente. El 99 por ciento de tus conocimientos en tu profesión, si no los actualizas, pueden ser obsoletos en menos de 10 años dependiendo de la misma.

En medicina aparecen nuevas drogas, tratamientos, estudios... En leyes que ni se diga, todos los días hay cambios en las leyes. En arquitectura se renuevan los materiales, las tendencias... En mercadeo está el cambio permanente del consumidor, de sus necesidades, de sus gustos... Y eso es lo que pasa contigo, si no estás actualizándote en el conocimiento de tu negocio, de tu industria, puedes quedar por fuera de la misma forma rápidamente.

Yo te quiero dar un consejo para cualquiera que sea tu negocio: <u>dedica al menos media hora del día, todos los días, para leer sobre tu industria</u>. Investiga cuáles son las tendencias, los ade lantos, los nuevos productos, las invenciones, etc. Eso te mantendrá siempre enterado de los cambios antes de que lleguen y desde luego, esa información te ayudará a estar por encima de la competencia. Si tu industria tiene ferias comerciales, asiste, conocerás a otros emprendedores como tú, proveedores o nuevos productos (no sabes la cantidad de información que verás en estos eventos…). Lee libros, artículos y todo lo referente a tu industria. Tú y tus productos o servicios siempre deben estar actualizados, solo así vas a prevenir estar en el camino de la obsolescencia.

Escribe en tu propia guía de negocios cuál es la tendencia de tu industria, qué amenaza a tus productos o servicios, y cómo podrías actualizarlos, mejorarlos. Solo si piensas en ello, podrás actuar rápidamente antes que tu competencia lo haga.

La palabra que siempre tienes que tener en mente es **próximo**: "¿cuándo voy a lanzar mi próximo producto?, ¿cuál es la próxima área de conocimiento que voy a explorar?, ¿cuál puede ser mi próximo negocio, mi próxima carrera profesional?…

Ese temor a la obsolescencia es el que te produce ansiedad, estrés y desde luego, miedo. Vivimos en una época de turbulencia, de cambios y mucho estrés. Por eso, para que puedas llevar una gran vida en tu negocio, debes tener un sentido de control. Está estudiado por los psicólogos que ese control es esencial para tener una actitud mental positiva. En otras palabras, tú te sientes feliz, contento, positivo, cuando estás en control de tu vida y viceversa, cuando te sientes negativo es porque no estás en control de ti mismo, estás controlado por tus cuentas, por tu negocio, por tus preocupaciones, por los cambios, por las circunstancias externas sobre las cuales tú no puedes hacer nada.

Una de las responsabilidades más importantes es examinar tu vida y tomar control sobre cada área clave. Me preguntarás, "¿y cómo lo hago?", el truco es muy sencillo: la palabra clave es **estrés**. Si tu sientes estrés por algo es porque no estás en control de esa situación. Si te estresa hablar en público por ejemplo, es porque no te sientes preparado y desde luego, no tienes el control.

El control puede ser interno o externo.

Cuando el control es interno, es que está dentro de ti, tú lo sientes, sientes que estás a cargo de tu propia vida. En cambio, cuando el control lo tiene otra persona y no tú, ese es el control externo. Cuando el control es interno, tú te sientes positivo, tienes una actitud mental positiva. Cuando el control no depende de ti, es decir, cuando es externo, te sientes con una actitud negativa, te sientes bajo presión de las circunstancias externas.

Un alto sentido de control, te lleva a tener un mayor desempeño, a sentirte mejor, más efectivo y positivo, con más poder y desde luego, esa confianza te lleva a tener menor estrés y aumentar tu potencial. Así que, si tú quieres tener una vida plena, tu misión de hoy en adelante es tomar control de cada una de las áreas de tu vida.

En este apartado quiero que vuelvas a hacer una pausa para que identifiques todas y cada una de las preocupaciones que te estresan en tu vida. Analiza cada una de esas áreas y mira cómo puedes tomar el control de cada una de ellas, paso a paso hasta adquirir ese control interno de la situación.

Solo si identificas esas áreas vas a poder buscar las soluciones para ir tomando control de las mismas. <u>Recuerda que en las situaciones más complicadas tienes que regresar a los principios básicos y estos con **foco y claridad.**</u> El 80 por ciento de todos tus problemas, de tu estrés y de tus dificultades en la vida están casi siempre relacionados por la falta de foco y claridad: no saber quién eres, no saber qué quieres, no saber a dónde vas. Te sorprendería saber que el 98 por ciento de la gente infeliz lo es simplemente porque no sabe qué es lo que quiere, cuáles son sus metas, qué quiere lograr…

Por eso te quiero dejar otro ejercicio, en el que tendrás que responder a las siguientes tres preguntas:

1. ¿Qué es lo que yo quiero de verdad en la vida?
Si alguien te despierta a las tres de la mañana y te pregunta "¿qué es lo que quieres tú en la vida?", ¿tú qué le dirías, además de que deje dormir? ¿Qué respuesta le darías, qué es lo que realmente quieres en la vida?

Escribe tu respuesta sobre lo que realmente quieres en tu vida, sin pensar en ninguna limitación para lograrlo.

Saber realmente lo que se quiere en la vida es fundamental para tener el control de la misma y así poder llevar una gran vida, la vida que deseas.

2. ¿Qué estás tratando de hacer?
¿Por qué te levantas en la mañana? ¿Qué estás tratando de lograr? Si especialmente tú experimentas frustraciones, resistencias, infelicidad o dificultades, ¿qué es lo que estás tratando de hacer en tu casa, en tu trabajo, con tus hijos, con tu salud? ¿Qué

estás tratando de hacer con tu futuro?

Escribe qué es lo que estás tratando de hacer en cada área de tu vida.

3. ¿Cómo lo estás tratando de hacer?

Dicen que, como promedio, el 70 por ciento de las decisiones que toma una persona en la vida son incorrectas. Así que, las posibilidades que tienes de estar haciendo las cosas de una forma incorrecta son muy altas, en especial si no estás obteniendo los resultados esperados, quizás porque estás tomando el camino equivocado. Por eso te tienes que preguntar, "¿cuánto me estoy demorando en alcanzar lo que quiero alcanzar?"

Escribe tus reflexiones ante esta última pregunta.

En una entrevista a Bill Gates, le preguntaron por el secreto de su éxito y la respuesta fue, "humildad". Escuchar que el segundo hombre más rico del mundo decía que su secreto había sido la humildad era desconcertante. Y es cierto, tanto Gates como su empresa han sido humildes, han reconocido sus errores y lo mejor, han aceptado que tienen que aprender.

Si tú te fijas en cuales son los países que más están progresando en este momento, te darás cuenta que son los que tienen más días escolares y más tiempo para que sus estudiantes aprendan. Esos países son humildes porque saben que tienen que aprender. Sin embargo, muchas veces nosotros mismos no reconocemos estas debilidades y creemos que ya sabemos todo y nos negamos por soberbios a aceptar que necesitamos aprender.

Recuerda las estadísticas: <u>90 por ciento de la culpa del fracaso</u>

de los negocios es porque los dueños no saben cómo hacer dinero; no es que no hagan las cosas, es que las hacen mal.

Por eso aprender es importante, capacitarte, leer libros empresariales, escuchar audiolibros, conocer las historias de empresarios, aprender de otros que alcanzaron el éxito, asistir a seminarios, tomar cursos para aprender a manejar tu negocio -sobre todo de una forma práctica y no teórica-, pertenecer a *masterminds*, etc. No sé si conoces el concepto del *mastermind*, es un concepto creado por *Napoleon Hill en su libro Piense y Hágase Rico*, que dice que **cuando dos personas se unen a pensar, la sumatoria de esas mentes crea una tercera mente, una mente maestra.** Los *masterminds* son lo que de alguna manera llamamos juntas directivas, personas afines que pueden aportar ideas a nuestro negocio, potencializarlo.

Tienes que buscar mentores, personas a quién seguir. Yo lo he hecho y gran parte de lo que soy es porque invierto más de un 10 por ciento de mis ingresos en capacitarme, porque todos los días destino entre 2 y 3 horas a aprender algo, a investigar sobre mi industria o sobre las tendencias que me interesan.

Si tú mejoras tu conocimiento empresarial un 10 por ciento, estarás un 10 por ciento por encima de tus competidores y eso puede significar llevarte un buen porcentaje de los ingresos de tu industria. La era de la revolución industrial ya quedó atrás, la era de las comunicaciones está pasando, estamos en la era del conocimiento y ahora el que tiene el conocimiento tiene el poder.

*Para este ejercicio vas a pensar cuántos libros empresariales leíste en los últimos 3 meses, cuántos audiolibros escuchaste, a

cuántos seminarios asististe (presenciales o por Internet), cuántos cursos empresariales tomaste... Después escribe cómo puedes mejorar tu conocimiento empresarial, ¿qué medidas vas a tomar para hacerlo?

Espero haber logrado sembrar en ti la semilla del emprendimiento, si tienes un negocio capacítate para hacerlo crecer, si estás pensando en empezar uno, aprende. El aprendizaje es la luz que nos llevará a conquistar nuestros sueños, a alcanzar nuestras metas.

Ya conoces las 12 claves secretas de un negocio millonario, pero nada de esto es posible si no tomas acción.

Para lograr el éxito tienes que tomar acción y perseverar, es decir, no desesperarte y claudicar. Según dicen las estadísticas, una persona tarda 22 años en convertirse en millonario, ¡todos lo podemos lograr! El problema es que no tomamos acción o nos desenfocamos de nuestros objetivos.

En el libro El Factor X, del Dr. Camilo Cruz, se narra la historia de un hombre que contrataron para mover una gran piedra que estaba bloqueando un camino. El hombre marcó la piedra con una "x" y todos los días golpeó con un martillo la piedra en el mismo lugar. Pasaron meses y cuando ya el pueblo estaba desesperado, el hombre dio el último martillazo y la piedra se partió en dos. Los que pasaban por el lugar y no habían visto antes a este hombre dijeron que de buenas, con un golpecito partió la piedra. Pero la clave fue **la concentración y la perseverancia.**

¿No te pasa que cuando estás en el computador te pones a abrir programas y de pronto se te queda todo congelado? Eso es lo que le pasa a muchas personas: comienzan los negocios y empiezan a ver otras oportunidades y saltan de curso en curso, de táctica en táctica hasta que quedan paralizados sin poder producir resultados.

> Como el hombre de la piedra, hay que enfocar nuestros esfuerzos en un solo objetivo.

Gracias por el tiempo que me dedicaste, ahora es el turno de aplicar lo aprendido.

Un abrazo,

Luis Eduardo

Luis Eduardo Barón

**"Recuerda que el éxito es mejor buscarlo,
que sentarse a esperarlo"**

Quiero que descargues el documento que he puesto en la página www.12claves.com/regalo para que descubras tu visión empresarial. Esta calificación te ayudará a conocer tu estado actual y a dónde quieres llegar.

En esta página te tengo preparados varios documentos que te ayudarán a complementar este aprendizaje.

Sobre el autor

Luis Eduardo Barón

Luis Eduardo nació en Colombia y llegó a los Estados Unidos en 1999. Comenzó su propia empresa desde cero, con menos de $1000, en el dormitorio de su casa y en menos de tres años tenía consolidada la empresa de publicaciones más importante de la Costa Oeste de la Florida, con ventas millonarias y 4 diferentes títulos.

Luis Eduardo es arquitecto, pero toda su vida ha estado vinculado a los medios de comunicación, desde la radio, televisión, impresos y nuevos medios, pero su verdadera vocación es motivar a quienes lo siguen a comenzar sus propios emprendimientos.

Ha ganado numerosos premios empresariales y periodísticos, como el prestigioso galardón José Martí en dos oportunidades. La Ford Motor Compañy y AOL Latino lo nombró como uno de los 5 Visionarios hispanos de los Estados Unidos y la revista Sarasota Magazine como uno de los personajes más influyentes de la región al lado de figuras como el escritor Stephen King o el congresista Vern Buchanan .

Barón es el presidente de TV Net Media Group, empresa que publica el periódico 7DÍAS, las revistas LA GUÍA del Golfo, LA GUÍA de Tampa, y Buen Vivir. Su nueva estrategia es incursionar en el mercado de revistas digitales donde ya tiene una aplicación para la revista LA GUÍA para dispositivos iPad, y 4 nuevos proyectos.

Es miembro de varias organizaciones locales y muy activo en la organización de eventos para la comunidad hispana en los Estados Unidos.

Pero su pasión por motivar el emprendimiento como solución a los problemas económicos en Latinoamérica, lo llevó a incursionar en los negocios en línea en 2011, convirtiéndose rápidamente en uno de los principales expertos de la industria. Ha lanzado varios cursos empresariales por Internet como Las Claves Secretas de un Negocio Millonario, Dobla Tu Productividad, La Estrategia de la Oruga, Véndete Tú Mismo y el Máster Para Emprendedores, contando con alumnos en más de 30 países. Es uno de los organizadores del evento de Internet más importante de habla hispana, Los Maestros de Internet.

Su éxito empresarial lo llevó a contar su experiencia en cámaras de comercio y conferencias para motivar a otras personas a hacer lo mismo que él hizo; es un convencido de que la única forma de cambiar la vida y la de los demás es merced a tener su propio emprendimiento. Ese mensaje lo ha llevado a dar conferencias en Estados Unidos y México y a través de Internet a audiencias en más de 30 países en los 5 continentes.

Luis Eduardo dirige el Instituto de Negocios, una institución que busca formar emprendedores de habla hispana en todo el mundo, en su búsqueda de lograr contar con Un Millón de Millonarios Hispanos gracias a la creación de sus propios negocios.

Luis Eduardo vive en Sarasota, Florida, con su esposa Martha Lucía, su hija Manuela y sus mascotas Isabela, Tony y Oreo; sus hijos Juan Sebastián y Daniela estudian en Los Angeles (California), y comparten con él su pasión por el servicio a la comunidad y el emprendimiento.

Para saber más de Luis Eduardo pueden visitar su blog:

www.ComoEmpezarUnNegocio.com
O en:
Twitter: @empezarnegocio
Facebook: facebook.com/luisebaron
O visitar: www.InstitutoDeNegocios.com

Otros productos de Luis Eduardo:
www.LasClavesSecretas.com
Curso de 9 módulos sobre cómo empezar y crecer un negocio

www.DoblaTuProductividad.com
Curso de manejo de tiempo y productividad

www.La EstrategiaDeLaOruga.com
 Curso de mentalidad de éxito

www.VendeteTuMismo.com
Curso de marketing personal

www.MásterParaEmprendedores.com
Programa de capacitación para emprendedores

Made in the USA
Lexington, KY
19 June 2014